BASES DA FÉ CRISTÃ

WAYNE GRUDEM

BASES DA FÉ CRISTÃ

WAYNE GRUDEM

20 FUNDAMENTOS QUE TODO CRISTÃO PRECISA ENTENDER

Tradução:
César Luís Pagani

THOMAS NELSON
BRASIL®
Rio de Janeiro, 2024

Título original: *Christian Beliefs*

As citações bíblicas são da *Nova Versão Internacional*, a menos que seja especificada outra versão da Bíblia Sagrada.

Publisher	*Omar de Souza*
Gerente editorial	*Samuel Coto*
Editor	*André Lodos Tangerino*
Assistente editorial	*Bruna Gomes*
Preparação	*Gustav Schimid*
Revisão	*Jean Carlos Xavier*
	Gisele Múfalo
Diagramação e projeto gráfico	*Filigrana*
Capa	*Douglas Lucas*

CIP-BRASIL. CATALOGAÇÃO NA PUBLICAÇÃO
SINDICATO NACIONAL DOS EDITORES DE LIVROS, RJ

G931b

Grudem, Wayne
Bases da fé cristã : 20 fundamentos que todo cristão precisa entender / Wayne Grudem ; organização Elliot Grudem. - 1. ed. - Rio de Janeiro : Thomas Nelson Brasil, 2018.

208 p. ; 21 cm.
Tradução de: Christian beliefs
ISBN 9788578602413

1. Cristianismo. 2. Teologia. I. Grudem, Elliot. II. Título.

17-46009 CDD: 230
CDD: 23

Rua da Quitanda, 86, sala 601A — Centro
Rio de Janeiro, RJ — CEP 20091-005
Tel.: (21) 3175-1030
www.thomasnelson.com.br

Damos graças a Deus pela vida e lembranças de Rachael R. Freeman Grudem, nascida em 2 de junho de 1982; casou-se em 3 de abril de 2005 com Alexander Grudem e faleceu em 9 de julho de 2005.

Disse Jó: "O Senhor o deu, o Senhor o levou; louvado seja o nome do Senhor". (Jó 1:21)

"Sabemos que Deus age em todas as coisas para o bem daqueles que o amam, dos que foram chamados de acordo com o seu propósito". (Romanos 8:28)

"Ele enxugará dos seus olhos toda lágrima. Não haverá mais morte, nem tristeza, nem choro, nem dor; porque a antiga ordem já passou". (Apocalipse 21:4)

Sumário

Prefácio

Este livro é uma síntese das vinte crenças básicas que cada cristão deveria conhecer. Ele é uma versão condensada do meu livro *Bible Doctrine* (528 páginas), que, por sua vez, é uma versão sintetizada da minha *Systematic Theology* (1.290 páginas).* Meu filho, Elliot Grudem, mestre em Divindade, formado pelo Reformed Theological Seminary de Orlando, na Flórida, fez um excepcional trabalho ao conservar as seções mais essenciais dos livros anteriores, resumindo longas dissertações em uma ou duas citações-chave, e revisando alguns dos termos com vistas a torná-los compreensíveis, mesmo pelas pessoas que são novas na fé cristã. Editei brevemente o manuscrito, de modo que a responsabilidade pelo texto final é minha. (Também sou grato ao trabalho de Steve Eriksson e Robert Polen, que me ajudaram com a revisão, e Chris Davis, que preparou o índice.)

Espero que este livro condensado seja útil para os novos cristãos, para as classes de membros novos nas igrejas, para estudos no lar e de grupos bíblicos de colégios e mesmo para as turmas da escola dominical compostas de crianças com idades de 13 anos em diante. Deveria também ser útil para não cristãos que procuram uma síntese dos ensinos cristãos básicos.

---

* Wayne Grudem, *Bible Doctrine: Essential Teachings of Christian Faith,* editado por Jeff Purswell. Grand Rapids: Zondervan, Leicester, UK, Inter-Varsity Press, 1999; e Wayne Grudem, *Systematic Theology: an Introduction to Biblical Doctrine.* Grand Rapids; Zondervan; Leicester, UK: Inter-Varsity Press, 1994.

Dois comentários que ouvi mais frequentemente de pessoas que leram *Systematic Theology* ou *Bible Doctrine* são: "Obrigado por escrever um livro de teologia que consigo ler", e, "Este livro está me ajudando na minha vida como cristão". Tentamos também preservar duas qualidades — clareza e aplicação prática à vida — neste livro condensado.

Temos mantido um vigoroso foco na Bíblia como fonte para aquilo em que os cristãos creem. Em vez de apenas citar referências a versículos bíblicos, com frequência citamos passagens reais da Bíblia, porque a própria palavra de Deus é "viva e eficaz, e mais afiada que qualquer espada de dois gumes; ela penetra até o ponto de dividir alma e espírito, juntas e medulas, e julga os pensamentos e intenções do coração" (Hebreus 4:12). As palavras da Bíblia nos alimentam espiritualmente, porque Paulo diz que ela é a Palavra de Deus que "pode edificá-los" (Atos 20:32), e Jesus disse: "Nem só de pão viverá o homem, mas de toda palavra que procede da boca do Senhor" (Mateus 4:4).*

Conhecer e compreender as crenças cristãs básicas é importante para todos os cristãos, pois pessoas que não sabem o que a Bíblia ensina não terão capacidade de distinguir a verdade do erro e serão como "crianças, levadas de um lado para o outro pelas ondas, jogados para cá e para lá por todo vento de doutrina"(Efésios 4:14). Mas cristãos que possuem um sólido fundamento serão mais maduros e não desviados facilmente; terão maior capacidade de julgar "os quais, pelo exercício constante, tornaram-se aptos para discernir tanto o bem quanto o mal" (Hebreus 5:14).

Dedicamos este livro à memória de Rachael Grudem, que morreu instantaneamente em um trágico acidente de carro em St. Paul, Minnesota, no dia 9 de julho de 2005. Rachael irradiava

---

* Todas as citações bíblicas são extraídas da Nova Versão Internacional, a menos que anotadas de outra forma.

constantemente alegria e fé no Senhor Jesus Cristo e amor por seu marido, Alexander Grudem, com quem foi casada por apenas três meses, e que é filho de Wayne e irmão de Elliot. Em meio à tristeza de nossa família, Deus aprofundou nossa fé nas doutrinas que discutimos neste livro, especialmente nossa segurança de que ele é bom e sábio, de que Rachael está no céu se regozijando e de que um dia estaremos com ela na sua presença para sempre.

Wayne Grudem, Scottsdale, Arizona
Elliot Grudem, Raleigh, Carolina do Norte
27 de julho de 2005

AS VINTE BASES

1. O que é a Bíblia?

Qualquer análise responsável de uma simples crença cristã deve estar baseada no que Deus disse sobre o assunto. Portanto, ao olharmos para uma série de crenças cristãs básicas, faz sentido começar com o fundamento dessas crenças — as palavras de Deus ou a Bíblia. Um tópico que a Bíblia abrange minuciosamente é ela mesma; isto é, a Bíblia nos diz o que Deus pensa sobre suas próprias palavras. A opinião de Deus sobre suas palavras pode ser dividida em quatro categorias gerais: autoridade, clareza, necessidade e suficiência.

A autoridade da Bíblia

Todas as palavras da Bíblia são palavras de Deus. Portanto, não crer nelas ou desobedecê-las é não crer em Deus ou desobedecê-lo. Com muita frequência, as palavras do Antigo Testamento são apresentadas pela frase: "Assim diz o Senhor" (Ver Êxodo 4:22, Josué 24:2, 1Samuel 10:18, Isaías 10:24 e também Deuteronômio 18:18-20 e Jeremias 1:9.) Essa frase, entendida como o mandamento de um rei, indicava que o que se seguia deveria ser obedecido sem objeção ou questionamento. Até mesmo as palavras no Antigo Testamento não atribuídas a citações diretas de Deus são consideradas palavras dele. Paulo, em 2Timóteo 3:16, deixa isso bem claro quando escreve que "toda a Escritura é inspirada por Deus".

O Novo Testamento também afirma que suas palavras são as próprias palavras de Deus. Em 2Pedro 3:16, o apóstolo se refere a todas as cartas de Paulo como formando um todo com as "Escrituras". Isso significa que Pedro e a igreja primitiva consideravam os escritos como parte da mesma categoria que os textos do Antigo Testamento. Por conseguinte, tinham em conta os escritos paulinos como as próprias palavras de Deus.

Além disso, Paulo, em 1Timóteo 5:18, escreve que "a Escritura diz" duas coisas: "Não amordace o boi enquanto está debulhando o cereal" e "o trabalhador merece o seu salário". A primeira citação referente a um boi procede do Antigo Testamento; ela é encontrada em Deuteronômio 25:4. A segunda vem o Novo Testamento e é encontrada em Lucas 10:7.

Paulo, sem hesitação, cita textos tanto do Antigo quanto do Novo Testamento chamando-os de "Escrituras". Por isso, as palavras do Novo Testamento são consideradas as próprias palavras de Deus. Consequentemente, Paulo podia escrever: "o que lhes estou escrevendo é mandamento do Senhor" (1Coríntios 14:37).

Uma vez que os escritos do Antigo e do Novo Testamento são considerados Escritura, é certo dizer que ambos, nas palavras de 2Timóteo 3:16, são "inspirados por Deus". Isso faz sentido quando consideramos a promessa de Jesus de que o Espírito Santo "faria lembrar" os discípulos de tudo quanto Jesus lhes havia dito (João 14:26). Foi como os discípulos escreveram as palavras inspiradas pelo Espírito, que livros como Mateus, João e 1 e 2Pedro foram escritos.

A Bíblia diz que existem "várias maneiras" (Hebreus 1:1) pelas quais suas palavras reais foram escritas. Às vezes, Deus falava diretamente ao autor, que tão somente registrou o que ouviu (Apocalipse 2:1,8,12). Em outras ocasiões, o autor baseou muitos dos seus escritos em entrevistas e pesquisas (Lucas 1:1-3). Em outros momentos, o Espírito Santo trouxe à mente coisas que Jesus ensinou (João 14:26). Independentemente de como as palavras chegaram até os autores, o que eles escreviam era uma extensão de si mesmos — de suas personalidades, habilidades, origens e treinamento. Mas também eram exatamente as palavras que Deus desejava que eles escrevessem — as próprias palavras que Deus reivindicaria como suas.

Visto que Deus reclama as palavras da Escritura como suas próprias, então não há, em última análise, nenhuma autoridade a quem apelar como prova dessa reivindicação senão a própria Escritura. Pois, que autoridade pode ser maior que a de Deus? Assim, a Escritura, definitivamente, obtém sua autoridade dela própria. Mas os reclamos da Escritura somente se tornam nossas convicções pessoais através da obra do Espírito Santo no coração individual.

O Espírito Santo não altera as palavras da Escritura de modo nenhum; ele não age sobrenaturalmente para torná-las palavras de Deus (pois elas sempre foram). No entanto, ele muda o leitor da Escritura. O Espírito Santo faz com que os leitores percebam que a Bíblia é diferente de qualquer livro que já tenham lido. Mediante a leitura, eles passam a crer que as palavras da Escritura são as do próprio Deus. É como Jesus disse em João 10:27: "As minhas ovelhas ouvem a minha voz... E elas me seguem".

Outros tipos de argumentos (como confiabilidade histórica, consistência interna, profecias cumpridas, influência sobre outros e a majestosa beleza e sabedoria do conteúdo) podem ser úteis para nos auxiliar a ver a razoabilidade dos reclamos da Bíblia. Como reais palavras de Deus, as palavras da Escritura são mais do que simplesmente verdadeiras; elas são a própria verdade (João 17:17). Elas são o aferidor final pelo qual toda suposta verdade deve ser avaliada. Logo, o que está em conformidade com as Escrituras é verdade; o que não se harmoniza com elas não é verdade. Novos fatos científicos ou históricos podem nos levar a reexaminar nossa interpretação das Escritura, mas nunca a contradirão diretamente.

A verdade das Escrituras não exige que a Bíblia relate eventos com detalhamento científico exato (embora todos os detalhes que ela registra sejam verdadeiros), tampouco que nos conte tudo o que precisamos conhecer ou poderíamos saber de um assunto. Ela nunca faz qualquer uma dessas afirmações. Além disso, como foi escrita por homens comuns em uma linguagem comum e num estilo comum, ela não contém citações livres ou soltas e algumas incomuns e desusadas formas ortográficas e gramaticais. Mas essas não são questões de veracidade. A Bíblia, em sua forma original, não afirma nada contrariamente ao fato.

Se a Bíblia afirmar algo contrário ao fato, então ela não pode ser confiável. E se ela não pode ser confiável, então o próprio Deus também não. Crer que a Bíblia afirme algo falso seria descrer do próprio Deus. Descrer de Deus é colocar a si mesmo como autoridade mais elevada, com mais profunda e desenvolvida compreensão sobre um assunto ou assuntos do que a do próprio Deus.

Portanto, uma vez que a Bíblia afirma que ela é as próprias palavras de Deus, devemos buscar entender essas palavras, pois, fazendo isso, estaremos procurando entender o próprio Deus. Devemos confiar nas palavras da Escritura, porquanto, assim procedendo, estaremos buscando confiar no próprio Deus. E devemos procurar obedecer às palavras da Escritura, pois, dessa forma, estaremos buscando obedecer ao próprio Deus.

A clareza da Escritura

À medida que lemos a Escritura e procuramos entendê-la, descobrimos que algumas passagens são mais fáceis de entender do que outras. Embora determinados versículos possam, de início, parecer mais difíceis de compreender, a Bíblia foi escrita de tal maneira que todas as coisas necessárias para alguém se tornar um cristão, viver como um cristão e desenvolver-se como um cristão estão claras.

Existem alguns mistérios na Escritura, mas eles não deveriam nos oprimir em sua leitura, pois "os testemunhos do Senhor são dignos de confiança, e tornam sábios os inexperientes" (Salmos 19:7). E "a explicação das tuas palavras ilumina e dá discernimento aos inexperientes" (Salmos 119:130). A Palavra de Deus é tão compreensível e clara que mesmo uma pessoa simples (pessoa a quem falta um sadio discernimento) pode se tornar sábia por ela.

Como as coisas de Deus são "discernidas espiritualmente" (1Coríntios 2:14), um bom entendimento das Escrituras é, muitas vezes, mais o resultado da condição espiritual do indivíduo do que de sua habilidade intelectual. Frequentemente, a verdade das Escrituras parecerá "loucura" para aqueles que rejeitam os apelos de Jesus (v. 14).

Isso não significa, no entanto, que todo mal-entendido relacionado à Bíblia seja devido à condição espiritual de alguém. Há muitos crentes que entendem mal alguma parte da Escritura. Muitas vezes, os discípulos não entendiam o que Jesus estava lhes falando (ver Mateus 15:16, por exemplo). Normalmente isso acontecia em razão de seus corações endurecidos (Lucas 24:25); em outras ocasiões isso ocorreu porque eles precisavam esperar mais um pouco e ter mais compreensão (João 12:16).

Além disso, membros da igreja primitiva nem sempre concordavam sobre o significado do que estava registrado na Escritura (ver, por exemplo, Atos 15 e Gálatas 2:11-15).

Quando os indivíduos discordam da interpretação apropriada de uma passagem da Escritura, o problema não está nela, pois Deus dirigiu sua preparação para que ela pudesse ser compreendida. Antes, o problema reside em nós. Às vezes, como resultado de nossas falhas, não conseguimos entender corretamente o que a Bíblia está especificamente ensinando. Mesmo assim, devemos lê-la com oração, pedindo ao Senhor que nos revele a verdade de suas palavras.

A necessidade da Escritura

Não é apenas verdade que todas as coisas necessárias para se tornar um cristão, viver como um cristão e crescer como um cristão estão claramente apresentadas na Bíblia. Também é verdade que, sem a Bíblia, não poderíamos conhecer essas coisas. A necessidade da Escritura significa que é preciso ler a Bíblia ou ter alguém que nos diga o que nela se encontra para conhecer Deus pessoalmente, obter perdão de nossos pecados e saber com certeza o que ele quer que façamos.

Paulo sugere isso quando pergunta como alguém pode se tornar um cristão "se não houver quem pregue" (Romanos 10:14). Pois "a fé vem por se ouvir a mensagem, e a mensagem é ouvida mediante a palavra de Cristo" (Romanos 10:17). Se não houver ninguém pregando a palavra de Cristo, diz Paulo, as pessoas não poderão ser salvas, e essa palavra vem da Escritura. Então, a fim de saber como se tornar um cristão, normalmente é preciso ler sobre o assunto na Bíblia ou ter acesso a alguém que explique o que a Bíblia ensina. Como Paulo disse a Timóteo, "as sagradas letras [...] são capazes torná-lo sábio para a salvação mediante a fé em Cristo Jesus" (2Timóteo 3:15).

Contudo, a vida do cristão não começa apenas com a Bíblia, mas também floresce por meio da Bíblia. Jesus disse em Mateus 4:4: "Nem só de pão viverá o homem, mas de toda palavra que procede da boca de Deus". Assim como nossa vida física é mantida pela ingestão diária de alimento físico, a vida espiritual é sustentada pela Palavra de Deus. Sendo assim, negligenciar a leitura regular da Bíblia é prejudicial à saúde de nossas almas.

Além disso, a Bíblia é única fonte de claras e definitivas declarações sobre a vontade de Deus. Conquanto Deus não tenha revelado todos os aspectos de seu querer a nós — "pois as coisas encobertas pertencem ao Senhor, o nosso Deus" —, há muitos aspectos de sua vontade reveladas a nós por intermédio da Escritura — "para que sigamos todas as palavras desta lei" (Deuteronômio 29:29). O amor por Deus é demonstrado ao "guardar seus mandamentos" (1João 5:3), e seus mandamentos são encontrados nas páginas da Escritura.

Embora a Bíblia seja necessária para muitas coisas, não o é para aprendermos algumas lições sobre Deus, seu caráter e suas leis morais, pois "os céus declaram a glória de Deus; o firmamento proclama a obra de suas mãos" (Salmos 19:1). Paulo diz que, mesmo para os ímpios, "o que de Deus se pode conhecer é manifesto entre eles, porque Deus lhes manifestou" (Romanos 1:19). Não apenas os ímpios sabem da existência de Deus e sobre ele, mas também têm em suas mentes e consciências um certo entendimento acerca de suas leis morais (Romanos 1:32; 2:14-15).

Por conseguinte, essa "revelação geral" sobre a existência de Deus, seu caráter e a lei moral é concedida a todas as pessoas, sendo perceptível por intermédio da natureza, das obras históricas do Senhor e no senso interior que Deus colocou em todos. É chamada de "revelação geral", porque é aberta a todas as pessoas. É distinta daquela que é proporcionada pela Bíblia. Em contrapartida, "a revelação especial" é aquela que Deus dedica a pessoas específicas. Toda a Bíblia consiste em uma revelação especial, assim como as mensagens diretas de Deus para os profetas e para outros indivíduos, conforme registrado nas histórias da Bíblia.

A suficiência da Escritura

Embora aqueles que viveram durante o período do Antigo Testamento não desfrutassem do benefício da revelação completa de Deus, somente encontrada no Novo Testamento, eles tiveram acesso a todas as palavras que Deus pretendia dar durante sua vida. Hoje a Bíblia contém todas as palavras divinas de que um indivíduo precisa para se tornar um cristão, viver como um cristão e crescer como um cristão. A fim de ser "irrepreensíveis" diante de Deus, temos apenas que obedecer a sua Palavra: "Como são felizes os que andam em caminhos irrepreensíveis, que vivem conforme a lei do Senhor!" (Salmos 119:1) Na Bíblia, Deus deu instruções que nos equipam para "para toda a boa obra" que ele quer que façamos (2Timóteo 3:16-17). Isso significa dizer que a Escritura é "suficiente ".

Por conseguinte, é tão somente na Escritura que buscamos as palavras divinas para nós, e devemos, por fim, encontrar satisfação com o que nela se acha. A suficiência da Escritura deve nos encorajar a buscar e encontrar por meio da Bíblia o que Deus quer que pensemos sobre certos assuntos ou o que fazer em certa situação. Tudo o que Deus tenciona dizer a seu povo, independentemente do momento e do assunto ou situação em que nos encontremos, encontra-se nas páginas da Bíblia. Conquanto a Bíblia não seja capaz responder diretamente cada pergunta que possamos formular, pois "as coisas encobertas pertencem ao Senhor, o nosso Deus" (Deuteronômio 29:29), ela nos provê a guia de que precisamos "para toda a boa obra" (2Timóteo 3:17).

Quando não encontramos na Bíblia uma resposta específica para uma dada pergunta, não ficamos livres para adicionar aos mandamentos "escriturísticos" o que acreditamos ser objetivamente correto. Certamente é possível que Deus nos dê orientações específicas em situações particulares do dia a dia, porém, não temos permissão para colocar em pé de igualdade com a Escritura qualquer revelação, dica ou outras formas de orientação mais modernas que acreditemos provirem de Deus. Também não devemos procurar impor tais orientações sobre outros cristãos ou a outras pessoas em nossa igreja, uma vez que podemos estar errados sobre a questão, e Deus nunca deseja que coloquemos algo assim na mesma categoria de suas palavras na Bíblia.

Há problemas e situações para as quais Deus não deu a direção ou regras precisas que muitas vezes desejamos, mas, em razão de a Escritura ser suficiente, não temos o direito de acrescentar nada a seus reclamos ou ensinamentos. Por exemplo, embora seja apropriado para uma igreja reunir-se em determinado momento no domingo de manhã, poderia ser muito mais conveniente para outra igreja se congregar noutro horário, porque a Bíblia não fala diretamente sobre a questão dos horários de culto no domingo. Se uma igreja dissesse a outra que elas precisavam se reunir a certa hora, aquela estaria em pecado e não demonstrando fé na suficiência da Escritura.

De maneira idêntica, no que diz respeito à vida cristã, a suficiência da Escritura nos lembra de que nada é pecado a não ser o que seja explicita ou implicitamente proibido pela Escritura. Portanto, não devemos acrescentar proibições onde não acharmos que a Escritura tenha sido suficientemente precisa. De tempos em tempos, por exemplo, pode haver muitas situações nas quais um cristão não deve ingerir cafeína, ir ao cinema ou comer carne oferecida a ídolos (ver 1Coríntios 8-10). No entanto, uma vez que não haja nenhum ensinamento específico ou algum princípio geral da Escritura que proíba tais ações para os cristãos, independentemente de época, essas atividades não são propriamente pecaminosas.

Então, em nossos ensinos doutrinários, éticos ou morais e nas crenças, devemos nos contentar com o que Deus nos diz na Escritura. O Senhor revelou exatamente o que ele sabe ser melhor para nós. Muitas diferenças que têm dividido igrejas e denominações são aquelas às quais a Bíblia dá pouca ênfase. Muitas conclusões específicas sobre assuntos como a maneira própria de governar a igreja, a exata natureza da presença de Cristo na ceia do Senhor ou a correta natureza da ordem dos eventos que cercam o retorno de Cristo são extraídas mais do hábil raciocínio do que de declarações bíblicas diretas. Dever-se-ia, portanto, mostrar uma humilde hesitação em dar mais ênfase a muitos dos assuntos do que a própria Bíblia lhes dá.

Questões para revisão e aplicação

1. Por que é importante que a Bíblia seja a base de nossas crenças?

2. A Bíblia responde definitivamente a cada questão que lhe levamos? Por que sim e por que não?

3. Qual é um dos assuntos de que a Bíblia trata claramente? Qual é um dos assuntos sobre os quais ela não é muito clara? Como isso afeta a importância que você dá a esses assuntos?

2. A que Deus se assemelha?

Assim como a Escritura é a suprema fonte de informações sobre si mesma, Deus é a mais alta fonte de informações sobre ele próprio. Isso faz sentido, pois, se houvesse uma fonte mais elevada de informações sobre Deus, então ele não seria Deus. Por conseguinte, é importante que qualquer estudo sobre o Senhor considere o que Deus diz sobre si mesmo nas páginas da Escritura.

Deus existe

A Escritura simplesmente parte do princípio de que Deus existe. O primeiro versículo da Bíblia, "No princípio Deus criou os céus e a Terra" (Gênesis 1:1), apresenta, de modo natural, Deus como Criador sem dar qualquer prova de sua existência ou ações.

A Escritura também nos diz que todas as pessoas, em todo lugar, têm um profundo senso interior de que Deus existe, de que são suas criaturas e de que ele é seu Criador. Em Romanos 1:19, Paulo escreve que, mesmo para os ímpios, "é manifesto entre eles, porque Deus lhes manifestou". Ainda que muitos hoje não reconheçam que Deus existe, Paulo diz que isso é porque "eles trocaram a verdade de Deus pela mentira" (Romanos 1:25), portanto, rejeitaram ativa ou voluntariamente alguma verdade acerca do caráter de Deus e de sua existência que originalmente conheciam.

Em suma, eles se convenceram de que “não há lugar para Deus em nenhum dos seus planos” (Salmos 10:4).

O conhecimento acerca de Deus a que Paulo se refere pode ser “compreendido por meio das coisas criadas” (Romanos 1:20). Cada criatura dá evidência de Deus e de seu caráter, mas os seres humanos, criados à imagem de Deus, são a maior prova da existência de Deus e de seu caráter.

Assim sendo, crença em Deus não é nenhuma “fé cega”; ela está baseada nos indícios que podem ser encontrados tanto na Bíblia como no dia a dia.

Deus é conhecível

Deus não apenas existe; ele existe de tal modo que podemos conhecer coisas a seu respeito e chegar a conhecê-lo pessoalmente.

Nunca, em verdade, poderemos conhecer plenamente a Deus. Ele é infinito, enquanto nós somos finitos. “É impossível medir o seu conhecimento” (Salmos 147:5). O conhecimento de Deus é “maravilhoso demais” para nós; “está além” do nosso “alcance” (Salmos 139:6) e, se pudermos contar os pensamentos de Deus, descobriremos que eles são maiores em número do que os grãos de areia da terra (Salmos 139:17-18).

Embora nunca conheçamos a Deus completamente, podemos conhecê-lo *pessoalmente*. Jesus disse que a vida eterna é encontrada ao conhecermos a Deus e tomarmos ciência de que ele é “o único Deus verdadeiro” que o enviou (João 17:3). Isso é muito melhor do que simplesmente conhecer sobre Deus. Na verdade, em Jeremias 9:24 Deus diz: “Mas quem se gloriar, glorie-se nisto: em compreender-me e conhecer-me”.

Além de conhecer a Deus, podemos saber mais sobre ele pelo que nos conta de si mesmo nas páginas da Escritura. Por exemplo, a Escritura nos diz que Deus é amor (1João 4:8), Deus é luz (1João 1:5), Deus é espírito (João 4:24), e Deus é justo (Romanos 3:26). Alguns dos atributos de Deus serão mais fáceis de entender, porque são aqueles que ele compartilha conosco; outros podem ser mais difíceis de entender, porque são atributos que ele não compartilha conosco. Como somos criaturas finitas de um Criador infinito, jamais entenderemos completamente tudo o que há para saber sobre qualquer um dos seus atributos. Mesmo assim, há um enorme valor em conhecer os atributos de Deus, pois neles encontramos as coisas verdadeiras a seu respeito, as quais ele quer que conheçamos. E como seres criados para a glória dele (Isaías 43:7), podemos glorificá-lo ao imitá-lo e mostrar semelhança com seus atributos.

Deus é independente

A independência de Deus significa dizer que ele, de fato, não *precisa* de nós ou de nada mais na criação para o que quer que seja. Ele não nos criou porque estava solitário ou necessitado de companhia de outras pessoas. A existência pessoal de Deus sempre foi perfeita, completa e satisfatoriamente feliz em si. Paulo diz, em Atos 17:24-25: "O Deus que fez o mundo e tudo o que nele há [...] não habita em santuários feitos por mãos de homens. Ele não é servido por mãos de homens *como se necessitasse de algo*, porque ele mesmo dá a todos a vida, o fôlego e as demais coisas".

Deus sempre existiu. Ele não foi criado; ele nunca passou a existir. O salmista escreve: "Antes de nascerem os montes e de criares a terra e o mundo, de eternidade a eternidade tu és Deus" (Salmos 90:2). Por isso, Deus *não é* dependente de ninguém ou de coisa alguma. De fato, por ser Deus, ele não pode ser dependente de ninguém e de coisa alguma. Em vez disso, toda a sua criação é e precisa ser dependente dele, "pois dele e para ele são todas as coisas" (Romanos 11:36).

Entretanto, embora Deus seja completamente independente, ele também escolhe dar-nos valor e significado. Ele nos permite ser importantes para ele! Na verdade, toda a criação o glorifica e lhe traz alegria. Como ele diz em Isaías 43:7: "Todo o que é chamado pelo meu nome [...] a quem criei para minha glória". E Sofonias diz que Deus "se regozijará em você com brados de alegria" (Sofonias 3:17). Embora Deus não precise de nós, ele nos permite levar alegria a seu coração, alegria que resulta em alto louvor! Isso é um sinal de verdadeiro significado.

Deus é imutável

Deus é imutável, mas não de todas as maneiras que possamos pensar que ele seja. Em vez disso, ele é imutável apenas nas maneiras pelas quais as Escrituras nos dizem que ele é imutável: Deus é imutável em seu ser, atributos, propósitos e promessas. O salmista louva a Deus por ele permanecer o mesmo (Salmos 102:27). Deus afirma isso quando, em referência a seus atributos, diz que não muda: "De fato eu, o Senhor, não mudo" (Malaquias 3:6). Enquanto Deus permanece o mesmo em seu ser e em seus atributos, isso está em direta contradição conosco. Nosso ser muda, e nossos atributos também. Deus, por outro lado, permanecerá sempre o mesmo.

Além disso, Deus é imutável em seus propósitos. Uma vez que ele determine que fará algo, aquilo será feito. Pois "os planos do Senhor permanecem para sempre, os propósitos do seu coração por todas as gerações" (Salmos 33:11). Seus planos para a eternidade (como aqueles encontrados em Mateus 25:34 e Efésios 1:4,11) de fato acontecerão.

Deus também é imutável em suas promessas. Como está escrito em Números 23:19: "Deus não é homem para que minta, nem filho do homem para que se arrependa. Acaso ele fala e deixa de agir? Acaso ele promete e deixa de cumprir?"

Ainda assim, há partes na Escritura que parecem, à primeira vista, contradizer a imutabilidade divina, especialmente as relacionadas a seus propósitos e promessas. Por exemplo, Deus não castigou Nínive como prometido quando o povo se arrependeu (Jonas 3:4,10, para outros exemplos, ver Êxodo 32:9-14 e Isaías 38:1-6). Mas esses casos devem ser entendidos como reais expressões da atitude *presente* de Deus ou intenção referente a uma situação específica. Na medida em que a situação muda, a atitude ou expressão da intenção divina também se altera.

A imutabilidade de Deus não significa que ele não agirá nem ficará indiferente em resposta a uma situação diferente (pois ele dificilmente seria bom ou justo se não respondesse de maneira diferente ao pecado, do que em face ao arrependimento e justiça). A imutabilidade não significa que Deus não age ou sente emoções. De fato, uma das maneiras pelas quais Deus demonstra que é "Deus e não homem" é por não executar sua "ira ardente" e destruir um povo; em vez disso, seu "coração está enternecido e despertou-se toda a sua "compaixão". Deus retém seu julgamento e afirma: "Não executarei a minha ira impetuosa" (Oseias 11:8-9).

Deus é eterno

Deus, sendo eterno, não tem início nem fim ou sucessão de eventos em seu próprio ser. Isso é afirmado em Salmos 90:2: "Antes de nascerem os montes e de criares a terra e o mundo, de eternidade a eternidade tu és Deus". Ele estava trabalhando "antes da fundação do mundo" (Efésios 1:4). Ele sempre existiu. Ele é o primeiro e o último, o começo e o fim, "o alfa e o ômega [...] o que era e o que há de vir" (Apocalipse 1:8). Judas nos diz que "glória, majestade, poder e autoridade" já eram de Deus "antes de todos os tempos", bem como "agora e para todo o sempre" (Judas 25).

Em razão de Deus ser eterno, sua visão do tempo é radicalmente diferente da nossa. Por exemplo, "mil anos" são para ele "como o dia de ontem que passou, como as horas da noite" (Salmos 90:4). Assim, toda a história passada é, para Deus, como se tivesse acontecido há pouco. Pedro afirma isso ao dizer que "para o Senhor, um dia é como mil anos" (2Pedro 3:8). Mas o apóstolo também nos diz que para o Senhor "um dia é como mil anos" (2Pedro 3:8).

Em conjunto, essas perspectivas nos permitem saber que Deus vê todo o período da história tão vividamente como se fosse um breve evento que acabou de acontecer. Mas também vê um breve evento como se fosse durar para sempre. Deus vê e conhece todos os eventos — passado, presente e futuro — com igual intensidade. Embora ele não se comporte de acordo com nenhuma sucessão de movimentos, ainda vê a progressão de eventos em diferentes pontos do tempo. E como aquele que criou e governa sobre o tempo, Deus usa o tempo para seus próprios propósitos.

Deus é onipresente

Assim como Deus é ilimitado em relação ao tempo, também é infinito com relação ao espaço. Ele é onipresente. Deus não tem tamanho ou dimensões espaciais e está presente em todos os pontos do espaço com todo o seu ser. Ele não pode ser limitado pelo espaço material porque o criou (Gênesis 1:1).

Deus também está presente em todas as partes do espaço; encontra-se em toda parte; ele enche o céu e a terra (Jeremias 23:23-24). Como Davi escreve: "Para onde poderia eu escapar do teu Espírito? Para onde poderia fugir da tua presença? Se eu subir aos céus, lá estás; se eu fizer a minha cama na sepultura, também lá estás. Se eu subir com as asas da alvorada e morar na extremidade do mar, mesmo ali a tua mão direita me guiará e me susterá" (Salmos 139:7-10). Deus está presente em todas as partes do espaço, mas seu ser é tal que até "os céus, mesmo os mais altos céus, não podem conter-te" (1Reis 8:27).

A despeito de Deus estar presente em toda parte, acha-se presente e age de modos diferentes em diferentes lugares. Frequentemente, Deus está presente para abençoar, conforme se descreve no Salmo 16:11: "Tu me farás conhecer a vereda da vida, a alegria plena de tua presença, o eterno prazer à tua direita". Em ooutras vezes e lugares como o inferno, por exemplo, Deus está presente não para conceder qualquer bênção, mas apenas para punir e, desse modo, manifestar sua justiça (Amós 9:1-4).

Às vezes Deus está presente não para punir e nem para abençoar, mas para manter o Universo em existência e funcionando do modo como ele deseja. Em Cristo, "tudo subsiste" (Colossenses 1:17). Jesus está continuamente "sustentando todas as coisas por sua palavra poderosa" (Hebreus 1:3).

Deus é espírito

Jesus afirmou que Deus não está de modo nenhum limitado a uma localização espacial quando disse: "Deus é espírito" (João 4:24). Deus existe de tal modo que seu ser não é feito de matéria. Ele não tem partes, nem tamanho, nem dimensões. É impossível perceber sua existência por intermédio de nossos sentidos. Pensar em seu ser nos termos de qualquer outra coisa no universo criado seria uma falsa representação, pois ele é mais excelente do que qualquer outro tipo de existência.

No entanto, o Senhor optou por nos tornar, em nossa natureza espiritual, um pouco como ele próprio em sua natureza espiritual.

Ele nos dotou de espírito com o qual devemos adorá-lo (João 4:24). Paulo nos diz que quem está unido a Deus "é um espírito" com ele (1Coríntios 6:17). Como um espírito com Deus, seu Santo Espírito dentro de nós testemunha de nosso *status* como seus filhos adotados (Romanos 8:16). Quando morremos, se unidos a ele, nosso espírito retornará "a Deus que o deu" (Eclesiastes 12:7).

Deus é invisível

Por Deus ser espírito, ele é também invisível. "Ninguém jamais viu a Deus" (João 1:18). Ninguém jamais será capaz de ver a essência total de Deus ou o todo de seu ser espiritual.

A Bíblia, todavia, registra passagens nas quais o povo observou manifestações exteriores de Deus. Isaias nos diz que ele viu "o Senhor assentado sobre um trono alto e exaltado" (Isaías 6:1). "O Senhor apareceu a Abraão perto dos carvalhos de Manre" (Gênesis 18:1). E Jacó diz: "Vi Deus face a face" (Gênesis 32:30). Nesses e em outros exemplos similares, Deus assumiu uma forma visível para se mostrar às pessoas. A manifestação suprema visível de Deus é encontrada na pessoa de Jesus Cristo. Nosso Senhor disse: "Quem me vê, vê o Pai" (João 14:9).

Embora ninguém nunca tenha visto a total essência de Deus, o qual é invisível, ele por vezes preferiu mostrar algo de si mesmo às pessoas por meio das coisas criadas e visíveis, especialmente mediante Jesus Cristo.

Deus é onisciente

Deus "sabe todas as coisas" (1João 3:20). Num ato simples e eterno, ele conhece completamente a si mesmo e a todas as coisas reais e possíveis. Ele tem conhecimento de todas as coisas que existem e de tudo o que acontece. "Nada, em toda a criação, está oculto aos olhos de Deus. Tudo está descoberto e exposto diante dos olhos daquele a quem havemos de prestar contas" (Hebreus 4:13). Uma vez que ele se conhece completamente (1Coríntios 2:10-11), também conhece plenamente todas as coisas que ele poderia ter feito, mas não fez, e todas as coisas que poderia ter criado, mas não criou. Ele, do mesmo modo, conhece todos os eventos possíveis que não vão realmente acontecer, e acontecimentos que resultariam se outros eventos tivessem resultado diferente na história (ver, por exemplo, Mateus 11:21).

Deus sempre está consciente de tudo. Seu conhecimento nunca muda ou aumenta. Nada o surpreende; nada está escondido dele. Desde a eternidade, Deus conheceu todas as coisas que iriam acontecer e tudo quanto iria fazer.

Deus é sábio

Deus sempre escolhe os melhores objetivos possíveis e os melhores meios possíveis para alcançar esses objetivos. Ele é "o único Deus sábio" (Romanos 16:27). "Sua sabedoria é profunda" (Jó 9:4) e "a ele pertencem o conselho e o entendimento" (Jó 12:13).

Sua sabedoria é manifesta em muitas áreas. Por exemplo, por ela o Senhor criou todas as coisas (Salmos 104:24). Ela também é mostrada por meio da vida "daqueles que o amam, dos que foram chamados de acordo com o seu propósito" (Romanos 8:28). Para essas pessoas, em virtude da sua sabedoria "Deus age em todas as coisas para o bem" (Romanos 8:28).

Deus concede essa sabedoria a seus filhos. Com ela em mente, Tiago incentiva seus leitores: "Se algum de vocês tem falta de sabedoria, peça-a a Deus, que a todos dá livremente, de boa vontade; e lhe será concedida" (Tiago 1:5). A sabedoria que vem de Deus — qualidade de caráter encontrada em viver do jeito que agrada a Deus — é descoberta por meio da leitura da Palavra de Deus e obediência ao que ela ordena. "Os testemunhos do Senhor são dignos de confiança e tornam sábios os inexperientes" (Salmos 19:7).

Mesmo assim, nunca participaremos completamente da sabedoria de Deus. Por causa da grande "profundidade da riqueza e do conhecimento de Deus, quão insondáveis são os seus juízos e inescrutáveis os seus caminhos" (Romanos 11:33). Às vezes, ele nos permite entender as razões por que as coisas acontecem; outras vezes não seremos capazes de entendê-las completamente, porque elas são do modo como são, ou sucederam deste ou daquele jeito. Durante esses tempos difíceis, devemos de fato confiar "no Senhor" de todo "o coração e não se apoiar no "próprio entendimento " (Provérbios 3:5).

Deus é verdadeiro

"Mas o Senhor é o Deus verdadeiro" (Jeremias 10:10). Todo o seu conhecimento e todas as suas palavras são verdadeiras e padrão final da verdade. Uma vez que ele diga algo, podemos contar que ele o cumprirá; podemos contar com o Senhor por ser ele sempre fiel a suas promessas (Neemias 23:19). Na verdade, a essência da fé verdadeira é pegar Deus em sua palavra e contar com ele porque fará conforme prometeu.

Podemos imitar a veracidade de Deus, em parte, esforçando-nos para ter o conhecimento verdadeiro sobre ele e sua Palavra. Também podemos imitá-lo sendo fiéis naquilo que dizemos e fazemos. (Colossenses 3:9-10).

Deus é bom

Jesus disse: "Não há ninguém que seja bom, a não ser somente Deus" (Lucas 18:19). Então, Deus é o padrão supremo da verdade;

tudo o que ele é e faz é bom e digno de apreciação. Não há padrão mais elevado de bondade do que o próprio caráter de Deus e sua aprovação a tudo o que seja coerente com esse caráter. Por exemplo, sua bondade e aprovação da bondade em si são vistas na própria criação: "E Deus viu tudo o que havia feito, e tudo havia ficado muito bom" (Gênesis 1:31).

Pelo fato de Deus corresponder ao supremo padrão de bondade, ele também constitui a fonte de toda a bondade. Tiago nos diz: "Toda boa dádiva e todo dom perfeito vêm do alto, descendo do Pai das luzes" (Tiago 1:17). Deus é aquele que concede boas dádivas a seus filhos e promete não negar qualquer coisa boa àqueles "que vivem com integridade" (Salmos 84:11). Jesus confirma isso quando diz que Deus "dará coisas boas aos que lhe pedirem" (Mateus 7:11). Até mesmo sua disciplina é manifestação de bondade e amor (Hebreus 12:10). Logo, toda a bondade que procuramos é encontrada potencializada no próprio Deus. O salmista percebeu isso quando escreveu: "Nada mais desejo além de estar junto a ti" (Salmos 73:25).

A bondade de Deus pode frequentemente ser vista em sua misericórdia e graça: sua misericórdia consiste na bondade para com aqueles em estado de miséria e angústia, ao passo que sua graça consiste na bondade para com aqueles que merecem tão somente punições. Os que recebem a bondade de Deus — muitas vezes recebida por meio da sua misericórdia e graça — são chamados a demonstrá-la aos outros. Como diz Paulo em Gálatas 6:10: "Portanto, enquanto temos oportunidade, façamos o bem a todos, especialmente aos da família da fé".

Deus é amor

Conforme já mencionado, "Deus é amor" (1João 4:8). Eternamente Deus tem dado de si mesmo para o bem dos outros. Jesus nos diz que o atributo da autodoação, o amor de Deus, estava ativo "antes da criação do mundo" (João 17:24). Isso ficou evidente no amor que Deus o Pai, Deus o Filho e Deus o Espírito Santo tinham um pelo outro (João 17:24; 14:31).

Esse amor eterno encontra sua expressão no amor dadivoso de Deus por seus filhos. João nos diz: "Nisto consiste o amor: não em que nós tenhamos amado a Deus, mas em que ele nos amou primeiro e enviou seu Filho como propiciação pelos nossos pecados" (1João 4:10). E Paulo escreve: "Mas Deus demonstra o seu amor por nós: Cristo morreu em nosso favor quando ainda éramos pecadores" (Romanos 5:8).

Porque Deus amou e nos amará por toda a eternidade, estamos capacitados a dar esse amor livremente aos outros. Na verdade, Jesus resumiu nossa responsabilidade diante de Deus quando disse: "Ame o Senhor, o seu Deus de todo o seu coração, de toda a sua alma, e de todo o seu entendimento" e "ame o seu próximo como a si mesmo" (Mateus 22:37-39). E, semelhante ao amor de Deus, nosso amor deve ser abnegado (1João 3:16-17), e não demonstrado em "palavras nem de boca, mas na ação e na verdade" (1João 3:18).

Deus é santo

"O Senhor, o nosso Deus, é santo" (Salmos 99:9). Isso significa que ele é separado do pecado e dedicado a buscar sua própria honra. Deus muitas vezes é chamado de "Santo de Israel" (Salmos 71:22, por exemplo). Os serafins (seres alados) ao redor do seu trono clamam continuamente: "Santo, santo, santo é o Senhor dos exércitos" (Isaías 6:3).

A santidade de Deus fornece o padrão que seus filhos devem imitar. Como ele diz em Levítico 19:2: "Sejam santos porque eu, o Senhor, o Deus de vocês, sou santo". Por meio do poder do Espírito Santo, devemos nos esforçar para sermos santos; "sem santidade ninguém verá o Senhor" (Hebreus 12:14). O autor de Hebreus nos diz que Deus disciplina seus filhos para que eles possam participar "de sua santidade" (Hebreus 12:10). Enquanto estamos nos tornando santos, individualmente e como membros da igreja (Efésios 5:26-27), antecipamos o dia em que todas as coisas no céu e na Terra serão separadas do mal, purificadas do pecado e dedicadas unicamente à busca da honra de Deus com verdadeira pureza moral (Zacarias 14:20-21).

Deus é justo e correto

Disse Moisés sobre Deus: "Todos os seus caminhos são justos. Deus é fiel e não comete erros; justo e reto é ele" (Deuteronômio 32:4). Como Moisés disse, Deus sempre age de acordo com aquilo que é certo, pois ele próprio é o padrão supremo daquilo que é justo. Como juiz do mundo, ele fara o que é certo (Gênesis 18:25). Ele fala a verdade e anuncia "o que é certo" (Isaías 45:19). Assim, enquanto buscamos fazer o que é justo e direito — na medida em que procuramos pôr em execução o que deve ser feito —, devemos realizar o que está em consonância com o caráter moral de Deus, pois é esse o padrão definitivo de justiça.

Em razão de Deus ser justo e correto, ele precisa tratar as pessoas como elas merecem, daí precisar punir aquilo que é contra ele, isto é, o pecado. Todavia, algumas vezes Deus perdoa as pessoas e não as pune por seus pecados. Como pode fazer isso e ser justo ao mesmo tempo? Deus é capaz de perdoar pessoas porque Cristo morreu e suportou a punição divina contra o pecado. Desse modo, Jesus demonstrou a justiça de Deus: "[...] em sua tolerância havia deixado impunes os pecados anteriormente cometidos, mas no presente demonstrou a sua justiça a fim de ser justo e justificador daquele que tem fé em Jesus" (Romanos 3:25-26).

Porque Deus é todo-poderoso, ele fará com que todas as coisas fiquem em ordem e trará justiça. Como aqueles que têm sido beneficiados por sua retidão e justiça, devemos nos unir ao juiz de todo o mundo fazendo aquilo que é correto. Deveríamos sempre buscar fazer o que é certo e promover a justiça para aqueles que não a experimentam. Como nos diz o livro bíblico de Provérbios 21:3: "Fazer o que é justo e certo é mais aceitável ao Senhor do que oferecer sacrifícios".

Deus é zeloso

Ao explicar o primeiro dos Dez Mandamentos, Deus diz: "Porque eu, o Senhor, o teu Deus, sou Deus zeloso" (Êxodo 20:5). Em seu zelo, Deus procura continuamente proteger sua própria honra e deseja que a adoração seja prestada apenas a ele e a ninguém ou nada mais. Não é errado para Deus buscar continuamente sua própria honra, pois ela é uma honra que só ele, como Deus, merece. É por isso que ele pode dizer com razão: "Não darei minha glória a nenhum outro" (Isaías 48:11).

Deus manifesta ira contra o pecado

Deus odeia intensamente todo pecado. A ira de Deus arde contra o pecado, e é ela que finalmente consumirá aqueles que rejeitam Jesus e continuam em seu pecado. Como Jesus disse: "Quem crê no Filho tem a vida eterna; já quem rejeita o Filho não verá a vida, mas a ira de Deus permanece sobre ele" (João 3:36). Essa "ira de Deus", diz Paulo, "é revelada dos céus contra a impiedade e injustiça dos homens" (Romanos 1:18).

Por isso, a ira é um atributo pelo qual devemos agradecer e louvar a Deus. Se Deus se deleitasse ou não se incomodasse com o pecado, ele não seria um Deus digno de nossa adoração ou louvor. O pecado merece nosso ódio — na verdade, somos encorajados pelo exemplo de Cristo a odiar o pecado e a maldade (Hebreus 1:9). Embora não devamos nos gloriar ou nos alegrar com a morte dos outros, mas amá-los e orar para que eles se arrependam de suas más ações, também é justo nos alegrarmos com a justa punição das ações malignas. Por último, devemos orar para que os malfeitores se arrependam e confiem em Cristo para o perdão. No caso de quem confia em Cristo, a ira de Deus está satisfeita porque o justo castigo caiu sobre o Salvador na cruz (Romanos 3:25; 5:8-9). Assim, a ira de Deus não é algo que os que creem em Jesus precisam temer, pois a ira de Deus que merecemos foi totalmente aplicada sobre Jesus que, por sua morte e ressurreição "nos livra da ira que há de vir" (1Tessalonicenses 1:10). Mas, para aqueles que rejeitam Jesus, a ira de Deus é algo a temer, porque ela permanece completamente sobre eles (João 3:36).

Deus faz o que deseja

Deus continuamente faz "todas as coisas segundo o propósito da sua vontade" (Efésios 1:11). A vontade de Deus é a principal razão para tudo o que sucede, é o modo como Deus aprova e determina que aconteça cada ação necessária a sua existência e atividade, e de toda a sua criação. A vontade de Deus é como ele escolhe fazer o que faz e o deixa de fazer. Por exemplo, todas as coisas foram criadas pela vontade de Deus (Apocalipse 4:11); os governos humanos recebem seu poder de acordo com a vontade divina (Romanos 13:1), e às vezes é da vontade de Deus que os seus sofram (1Pedro 3:17). Todos os acontecimentos de nossa vida estão sujeitos à vontade de Deus. Eis por que Tiago nos incentiva a não dizer que faremos isto ou aquilo, mas em vez dizer: "Se o Senhor quiser, viveremos e faremos isto ou aquilo" (Tiago 4:15).

Mesmo a morte de Cristo e todos os acontecimentos que a cercaram sucederam de acordo com a vontade de Deus. Lucas nos diz, em Atos 4:27-28, que aqueles que estiveram envolvidos na morte de Cristo fizeram tudo quanto a mão e o plano de Deus "haviam predestinado que acontecesse".

Às vezes, a vontade de Deus é claramente revelada, como quando, pela Escritura, sabemos exatamente como agir ou o que Deus de modo específico nos ordenou que fizéssemos. É a isso que Jesus estava se referindo quando nos disse: "Seja feita a tua vontade, assim na Terra, como no céu" (Mateus 6:10).

Noutras vezes, a Escritura não nos dá uma nítida direção com relação ao que devemos fazer ou como devemos agir. Por vezes, quando isso ocorre, nossa atitude deve ser de humilde confiança em Deus e em seu soberano controle sobre os eventos de nossa vida. Devemos planejar nossos passos, assim como Tiago nos encoraja, dizendo: "Se o Senhor quiser, viveremos e faremos isto ou aquilo" (Tiago 4:15).

Portanto, precisamos ter muita cautela, especialmente em meio a situações difíceis, ao afirmar com certo grau de certeza qual é a vontade do Senhor, se isso não está claro na Escritura. Por exemplo, é perigoso falar de eventos malignos como se estivessem de acordo com a vontade de Deus, mesmo que possamos encontrar partes onde a Bíblia fala desse modo. Quando explicamos o mal como resultado da vontade de Deus, isso pode soar como se o Senhor fosse culpado pelo mal e pelo pecado, ou implicando que Deus se deleita neles. Mas esse não é o caso. Na Bíblia, seres humanos e anjos decaídos (demônios) são sempre culpados por ações malignas e pecaminosas, nunca Deus. Mesmo a morte de Cristo, que a Bíblia diz perfeitamente ter sucedido "por propósito predeterminado e pré-conhecimento de Deus", foi perpetrada "com a ajuda de homens perversos" (Atos 2:23).

Deus não deve ser acusado ou tido como responsável pelas coisas pecaminosas ou más. A relação exata entre sua vontade e o mal não é algo que ele preferiu nos revelar completamente, portanto, devemos nos confortar com o fato de que "as coisas encobertas pertencem ao Senhor, nosso Deus" (Deuteronômio 29:29).

Deus é livre

Salmos 115:3 diz: "O nosso Deus está nos céus e pode fazer tudo o que lhe agrada". Nada pode impedir Deus de cumprir sua vontade. Ele não pode ser forçado por nada fora de si mesmo; ele é completamente livre em fazer o que desejar. Não está sob nenhuma autoridade ou restrição; não há ninguém ou poder que possa ditar jamais o que ele deveria ou gostaria de fazer.

Embora possamos imitar Deus em sua liberdade quando exercemos nossa vontade e fazemos escolhas, todas elas estão definitivamente sujeitas a sua vontade. Como Provérbios 16:9 nos diz: "Em seu coração o homem planeja o seu caminho, mas o Senhor determina os seus passos". Mesmo "o coração do rei é como um rio controlado pelo Senhor; ele o dirige para onde quer" (Provérbios 21:1).

Deus é onipotente

"Existe alguma coisa impossível para o Senhor?", pergunta Gênesis 18:14. Muito embora essa questão seja respondida muitas vezes ao longo da Bíblia, uma clara resposta é encontrada quando Jeremias diz a Deus: "Nada é difícil demais para ti" (Jeremias 32:17).

Deus é onipotente, é todo-poderoso e é capaz de realizar toda sua santa vontade. Não há limites sobre o que ele decide fazer. Paulo nos diz que ele "é capaz de fazer infinitamente mais do que tudo o que pedimos ou pensamos" (Efésios 3:20). Como Jesus diz: "Para

Deus todas as coisas são possíveis" (Mateus 19:26). O poder de Deus é infinito, mas há algumas coisas que Deus não pode fazer. Ele não pode fazer qualquer coisa que negue seu próprio caráter — por exemplo, ele não pode mentir (Tito 1:2), não pode ser tentado pelo mal (Tiago 1:13) e não pode negar a si mesmo (2Timóteo 2:13). Portanto, o uso divino de seu infinito poder é qualificado por seus outros atributos.

Quando imitamos a Deus usando o poder limitado que ele nos deu para efetuar as coisas que deseja que façamos, mostramos um tênue reflexo de seu poder infinito e, assim, lhe trazemos glória.

Deus é perfeito

Jesus nos diz em Mateus 5:48: "Perfeito é o Pai celestial de vocês". Isso significa que Deus possui todas as excelentes qualidades e não sente falta de nenhuma que lhe seria desejável. Podemos imitar sua perfeição esforçando-nos para "ser perfeitos", como Jesus nos ordenou (Mateus 5:48). Embora aqui na Terra não atinjamos a perfeição que frequentemente almejamos por meio da obra de Cristo em nosso favor, continuamos a progredir para a perfeição no curso de nossa vida.

Deus é bendito

A bênção de Deus significa que ele se deleita completamente em si mesmo e em tudo o que reflita seu caráter. Ele mesmo é o foco de toda felicidade e deleite; portanto, sua plenitude de alegria é encontrada em si mesmo. Mas Deus também se deleita em sua criação. Quando ele viu o que havia criado, disse ser tudo "muito bom" (Gênesis 1:31), indicando sua satisfação no que havia feito. Deus anseia alegrar-se com seus filhos, "Assim o seu Deus se regozija por você" (Isaías 62:5).

Quando achamos prazer e felicidade no que é agradável a Deus — seja o trabalho dos outros, os aspectos de nossas próprias vidas, ou as coisas criadas — demonstramos as maneiras pelas quais Deus nos abençoou e, portanto, honramo-lo e o imitamos em sua benignidade. Descobrimos nossa maior bênção e felicidade na fonte de todas as coisas boas — o próprio Deus.

Deus é belo

No Salmo 27:4 Davi nos diz que seu único e grande anseio na vida é habitar na casa de Deus durante toda a existência. Uma razão que ele dá para esse anseio é que deseja "contemplar a formosura do Senhor". Deus é a soma de todas as qualidades desejáveis e possui todas elas. Assim, como Davi experimentou, todos os nossos anseios e desejos só encontrarão seu cumprimento em Deus, o único que é verdadeiramente belo.

Deus é uma unidade

Embora alguns dos atributos de Deus possam parecer mais destacados do que outros, é importante perceber que ele é uno em todos os seus atributos. Ele não possuiu mais um atributo do outro, não está dividido em partes e não exibe um atributo num ponto da história e outro em momento diferente. Ele é pleno e completo em cada atributo (mesmo aqueles que não são mencionados aqui) em todos os momentos.

A Escritura nunca identifica um dos atributos de Deus como mais importante do que os outros. Por exemplo, "Deus é luz" (1João

1:5) e "Deus é amor" (1João 4:8). Ele não é parte luz e parte amor; ele não é amor durante o dia e luz à noite. Ele é, em todos os momentos e de todos os modos, luz e amor. Cada um dos atributos de Deus qualifica outro.

Cada um dos atributos de Deus representa um aspecto de seu caráter; cada um deles nos fornece um aspecto de quem ele é e também nos oferece uma perspectiva sobre quem ele nos fez ser.

Perguntas para revisão e aplicação

1. Quais são alguns atributos que Deus mais claramente compartilha conosco? E quais são os atributos que ele não divide? Nomeie um atributo divino que você gostaria de imitar mais plenamente em sua vida diária e diga o porquê.

2. Você pode dizer quais são os perigos de considerar um atributo de Deus como mais importante do que todos os outros?

3. Qual dos atributos de Deus parece mais extraordinário para você? O que aprendeu sobre Deus por meio desse atributo?

3. O que é Trindade?

Às vezes, as pessoas usam três nomes diferentes quando se referem a Deus: Deus Pai, Jesus Cristo e Espírito Santo. Mas esses são mais do que simplesmente nomes diferentes para uma pessoa; eles são, de fato, os nomes de três pessoas muito distintas. Entretanto, embora Deus Pai, Deus o Filho (Jesus) e Deus Espírito Santo coexistam eternamente como três pessoas distintas, há apenas um Deus. Essa é chamada de doutrina da Trindade. A ideia de três pessoas e apenas um Deus é difícil de entender completamente. Mesmo assim, é um dos conceitos mais importantes da fé cristã.

A visão bíblica da Trindade

A palavra "trindade" nunca é encontrada na Bíblia, mas a ideia representada por ela é afirmada em muitas partes. Por exemplo, em Gênesis 1:26 Deus disse: "Façamos o homem à nossa imagem, conforme a nossa semelhança". O uso de "nós" e "nosso" implica que mais de uma pessoa estava envolvida na criação. Os únicos seres a quem Deus poderia possivelmente se referir seriam os anjos; contudo, não fomos feitos à imagem dos anjos, mas "à imagem de Deus" (Gênesis 1:27); então, esse versículo deve implicar que há mais de uma pessoa em Deus.

Quando Jesus foi batizado, "os céus se abriram, e ele viu o Espírito de Deus descendo como pomba e pousando sobre ele. Então, uma voz dos céus disse: "Este é o meu Filho amado, em quem me agrado" (Mateus 3:16-17). Naquele momento, os três membros da Trindade estavam realizando três atividades distintas: Deus o Pai falava, Deus o Filho estava sendo batizado e Deus, o Espírito Santo, repousava sobre o Filho.

De maneira semelhante, quando Jesus enviou seus discípulos a fazer sua obra, ele lhes ordenou fizessem "discípulos de todas as nações, batizando-os em nome do Pai e do Filho e do Espírito Santo" (Mateus 28:19). Ao dizer isso, Jesus está afirmando aqui que os três membros da Trindade são distintos em sua personalidade (o Pai não pode ser o Filho, por exemplo). Judas 20-21 também afirma haver três pessoas distintas na Trindade: "Edifiquem-se, porém, amados, na santíssima fé que vocês têm, orando no Espírito Santo. Mantenham-se no amor de Deus, enquanto esperam que a misericórdia de nosso Senhor Jesus Cristo" (Judas 20-21).

O significado da Trindade

Pelo fato de Deus consistir em três pessoas distintas, o Pai não é o Filho ou o Espírito Santo, o Filho não é o Pai ou o Espírito Santo, e o Espírito Santo não é o Pai ou o Filho. Isso foi demonstrado mediante numerosas passagens citadas. Cada uma das pessoas da Trindade é plenamente equivalente a Deus. A divindade de Deus, o Pai, é mostrada a partir do primeiro versículo da Bíblia: "No princípio criou Deus o céu e a terra" (Gênesis 1:1), e assim ao longo de todas as páginas da Escritura.

Quando a Bíblia se refere simplesmente a Deus, mais frequentemente o faz a Deus, o Pai. Mas Deus, o Filho, que veio à Terra como Jesus Cristo, também é totalmente Deus. Como Paulo escreve sobre ele em Colossenses 2:9: "Porque nele habita corporalmente toda a plenitude da divindade". Assim, Tomé, o discípulo de Jesus, estava correto quando disse a este: "Senhor meu e Deus meu" (João 20:28). Na verdade, João disse que escreveu seu evangelho para que as pessoas "cressem que Jesus é o Cristo, o Filho de Deus" (João 20:31).

Por fim, Deus, o Espírito Santo, também é plenamente Deus, porque tanto o Pai como o Filho são Deus, de modo que faz sentido que todos os três sejam mencionados com igual importância em passagens como Mateus 28:19 ("batizando-os em nome do Pai e do Filho e do Espírito Santo") Isso mostra que a Escritura identifica os três totalmente com Deus. Pedro atesta esse ponto de vista quando acusa alguém de mentir ao "Espírito Santo" (Atos 5:3), e depois explica que esse homem "não mentiu aos homens, mas sim a Deus" (Atos 5:4). Paulo diz que o Espírito é onisciente como Deus, o Pai, quando escreve: "Ninguém conhece as coisas de Deus, a não ser o Espírito de Deus" (1Coríntios 2:11).

Mas a Bíblia também é clara sobre existir apenas um Deus e não três. Ela diz que Deus é apenas uma essência ou um ser. Deuteronômio 6:4 diz: "O nosso Deus é o único Senhor". Deus frequentemente faz ecoar essa afirmação, tornando claro que não há outro Deus senão ele. Isaías 45:5 é um exemplo disso: "Eu sou o Senhor, e não há nenhum outro; além de mim não há Deus". Paulo confirma essa declaração em Romanos 3:30, quando escreve: "Existe um só Deus". E novamente em 1Timóteo 2:5: "Pois há um só Deus". Em Tiago 2:19 descobrimos que mesmo os demônios reconhecem isso: "Tu crês que há um só Deus; fazes bem. Também os demônios o creem, e estremecem".

Às vezes, parece complexo entender como há três pessoas distintas da Trindade, cada uma sendo plenamente Deus, embora haja somente um Deus indivisível.

E é difícil realmente. A Trindade é um daqueles mistérios que só podemos explicar em parte. Embora diferentes analogias da criação possam nos ajudar um pouco na compreensão da Trindade, em última análise todas elas falham em descrever esse mistério, pois tentam explicar o ser divino em termos de criação.

São tentativas de elucidar como Deus existe por meio de sua criação, mas nada na criação é exatamente como o ser divino. As tentativas de simplificar ou explicar completamente esse mistério fracassam e muitas vezes conduzem a crenças contrárias aos ensinamentos da Bíblia. Em resumo, a doutrina da Trindade é algo que nunca compreenderemos plenamente, porque parte dela está além do nosso entendimento. Ela é, em parte, uma dessas "coisas encobertas [que] pertencem ao Senhor nosso Deus" (Deuteronômio 29:29).

No entanto, é extremamente importante que esse mistério seja verdadeiro. Por exemplo, se Jesus não fosse plenamente Deus, e sim uma pessoa separada dele, então ele não poderia suportar a ira completa de Deus, morrer e ressuscitar dos mortos. E se Jesus não ressurgisse dos mortos, qualquer crença nele seria ingênua, e aqueles que afirmam ser cristãos seriam, nas palavras de Paulo, "dentre todos homens [...] os mais dignos de compaixão" (1Coríntios 15:19).

Os papéis distintos da Trindade

Todos os membros da Trindade têm papéis diferentes. Por exemplo, sabemos que na criação Deus falou e trouxe a Terra à existência (Gênesis 1:9-10). Mas em João 1:3 nos é dito que Deus o Filho executou estas palavras: "Todas as coisas foram feitas por intermédio dele; sem ele, nada do que existe teria sido feito". E, como está escrito em Gênesis 1:2, enquanto Deus estava criando, "o Espírito de Deus se movia sobre a face das águas", isto é, apoiando e manifestando a presença de Deus na criação.

Os diferentes papéis da Trindade também podem ser vistos em nossa salvação. Deus o Pai "tanto amou o mundo que deu o seu Filho

Unigênito" e o enviou ao mundo "para que este fosse salvo por meio dele" (João 3:16-17). Sobre seu papel, Jesus disse: "Pois desci do céu, não para fazer a minha vontade, mas para fazer a vontade daquele que me enviou" (João 6:38). E essa vontade foi que Jesus morresse por nossos pecados para que não precisássemos perecer (Hebreus 10:10). Quando Jesus ressuscitou dos mortos e subiu ao céu, ele e o Pai enviaram o Espírito Santo para concluir a obra que o Pai e o Filho começaram (João 14:26 e 16:7).

Tanto na criação como na redenção, o Pai, o Filho e o Espírito tiveram papéis distintos. Foi o Pai que dirigiu e enviou tanto o Filho como o Espírito, e foi o Filho quem, juntamente com o Pai, enviou o Espírito. O Filho era obediente ao Pai, e o Espírito era obediente tanto ao Pai quanto ao Filho. E embora ambos, o Filho e o Espírito, tenham seus papéis e continuem a desempenhá-los em igualdade com o Pai, eles fazem isso em submissão ao Pai.

Essas diferentes funções são simplesmente decorrência da relação eterna entre o Pai, o Filho e o Espírito. Elas não diminuem a deidade, os atributos ou a natureza essencial do Pai, do Filho ou do Espírito. A distinção é simplesmente na maneira como eles se relacionam uns com os outros e com a criação. Isso é muito diferente da nossa própria experiência, na qual cada pessoa também é um ser diferente. Mas de alguma maneira o ser divino é tão diferente do nosso que pode se dividir em relações interpessoais entre as três diferentes pessoas. Isso não se compara a nada daquilo que jamais vivenciamos, experimentaremos ou compreenderemos plenamente.

Todavia, a unidade e a diversidade dentro da Trindade fornecem um maravilhoso fundamento para a unidade e diversidade que sentimos cada dia. No casamento, por exemplo, duas pessoas distintas se juntam e, por meio do casamento, tornam-se "uma só carne" (Efésios 5:31). Como marido e mulher têm igual posição, valor e personalidade perante Deus, eles também têm papéis distintos. Assim como o Pai tem autoridade sobre o Filho, no casamento o marido tem autoridade sobre a mulher. Como Paulo diz em 1Coríntios 11:3: "O cabeça de todo homem é Cristo, e o cabeça da mulher é o homem, e o cabeça de Cristo é Deus". Apesar de, às vezes, ser difícil descobrir como os papéis de marido e mulher devam ser especificamente definidos, a Bíblia deixa claro que a relação dentro da Trindade fornece o modelo para o relacionamento no matrimônio.

Outro exemplo de unidade e diversidade é visto na igreja, que tem "muitos membros" e todos com diferentes capacidades, mas "um corpo" com um propósito (1Coríntios 12:12). Isso também é visto na composição étnica da igreja, que inclui membros "de todas as nações, tribos, povos e línguas" (Apocalipse 7:9). Essa diversidade adiciona uma complexidade que nos mostra a sabedoria de Deus ao permitir que tanto a unidade como a diversidade existam dentro de seu mundo. A unidade e a diversidade que existem no mundo é simplesmente um reflexo da unidade e diversidade existente no seio da Trindade.

Perguntas para revisão e aplicação

1. Você pode citar três ou quatro passagens-chave da Escritura que nos falem sobre a Trindade? O que, exatamente, elas nos dizem a respeito?

2. Por que todas as analogias falham em explicar a Trindade? Isso significa que devemos tentar apresentar uma analogia que funcione? Por que sim ou por que não?

3. Como as diferentes maneiras pelas quais o Pai, o Filho e o Espírito Santo se relacionam entre si, nos fornecem um modelo para as formas pelas quais devemos nos relacionar uns com os outros?

4. O que é Criação?

De onde veio o Universo? Qual a sua finalidade? Deveríamos pensar na criação como boa ou má? Neste capítulo procuraremos entender como Deus criou o Universo, de que tipo ele é e como devemos pensar na criação hoje.

A criação tornada realidade

Deus criou o Universo a partir do nada; Nada além de Deus existia antes de o Universo ser criado. Todas as coisas, que Gênesis 1:1 chama de "céus e Terra", foram criadas por Deus. João 1:3 afirma: "Todas as coisas foram feitas por intermédio dele". E em Colossenses 1:16 lemos: "pois nele foram criadas todas as coisas nos céus e na Terra, as visíveis e as invisíveis". E como vimos no capítulo anterior, todos os membros da Trindade estiveram envolvidos nesse processo.

Deus chamou toda a criação à existência, desde a Terra e as águas às plantas e animais (Gênesis 1:3-25) — isto é, toda a criação exceto o homem. Homem e mulher foram criados pelas mãos divinas e receberam vida do próprio fôlego de Deus (Gênesis 2:7,22). Essa criação intimista e especial é um sinal do lugar exclusivo que Deus designou aos seres humanos dentro de sua criação. Além disso, os seres humanos são os únicos que Deus criou "à sua própria imagem" (Gênesis 1:27). Ser criado à imagem de Deus significa ser como ele para representá-lo. Como imagem de Deus, o homem é o clímax de toda a criação e mais semelhante a Deus do que qualquer outra criatura, e a única designada por ele para governar o restante da criação como seu representante (Gênesis 1:28-31).

Existem muitas teorias científicas que conflitam diretamente com a visão bíblica da criação, como a de que todos os seres vivos vieram do resultado de mutações aleatórias durante um longo período de tempo, em vez de como resultado do projeto inteligente de Deus e de seu poder infinito. Essas teorias que não reconhecem Deus como o Criador não nos conferem a dignidade dada pela narrativa bíblica. A Bíblia ensina que, embora Deus não precisasse criar nada, ele preferiu criar-nos e escolheu fazê-lo a sua imagem.

Por outro lado, algumas vezes as observações científicas do mundo podem corrigir os mal-entendidos das pessoas. Antigamente, muitos cristãos pensavam que a Bíblia ensinava que o sol girava ao redor da Terra. Eles se opunham às teorias de Galileu, cujas observações astronômicas o levaram a concluir que a Terra gira e orbita ao redor do sol. Por fim, toda a igreja reconheceu que a Bíblia jamais ensinou que o sol gira em torno da Terra, e assim eles puderam aceitar as pesquisas de Galileu. Devemos ter cuidado, então, ao tratar de questões sobre as quais a Bíblia não fala claramente. E quando nossas observações do mundo natural parecerem entrar em conflito com a compreensão da Escritura, devemos examinar novamente ambas, procurando descobrir onde nossa compreensão limitada e imperfeita poderia estar equivocada. Em última análise, um bom entendimento acerca da ciência e uma compreensão adequada das Escrituras nunca estarão em conflito.

A Bíblia é clara: Deus criou a Terra e tudo o que nela há a partir do nada. Ele criou o homem do pó da terra que havia feito. Antes da criação, nada existia senão Deus. Por consequência, nada é eterno além de Deus. Ninguém além de Deus pode, no fim das contas, governar sobre o que criou. Assim, nada além de Deus é merecedor de nossa adoração. Em virtude de sermos produtos especiais da criação de Deus, esse fato deveria produzir profunda humildade em nós. Além disso, por ter Deus criado o Universo do nada e, porque ele não necessitava criá-lo, deve tê-lo feito por algum propósito. Como somos produtos especiais da criação divina, isso nos deveria dar grande dignidade.

Uma criação distinta, mas dependente

Como Criador, Deus é distinto da sua criação. Ele não faz parte de sua obra criadora. Deus é, de muitas maneiras, diferente de sua criação. Ele fez todas as coisas e governa sobre elas. É infinitamente maior do que a criação e muito independente dela, e também não precisa da criação de forma nenhuma.

Mas Deus também está intimamente envolvido na criação. Com seu sopro, deu vida a sua própria imagem [o homem]. "Em sua mão está a vida de cada criatura e o fôlego de toda a humanidade" (Jó 12:10). Deus mesmo "dá a todos a vida, o fôlego e as demais coisas", "pois nele vivemos, nos movemos e existimos" (Atos 17:25,28) Somos, como Paulo diz, "descendência dele" (Atos 17:29).

Deus é tanto envolvido em sua criação, como distinto dela. Ele não é dependente da criação, mas esta depende dele. Assim, nada na criação é merecedor do carinho a que Deus tem direito. Embora Deus seja maior que sua criação, ele preferiu não deixá-la funcionar por sua própria conta. Em vez disso, escolheu ficar intimamente entremeado com ela, especialmente com as coisas feitas a sua imagem.

Dessa forma, ele não está tão afastado de nós que não possa ou não esteja intimamente envolvido em nossas vidas e nossas lutas. Ele está perto; ele é "nosso refúgio e a nossa fortaleza, auxílio sempre presente na adversidade" (Salmos 46:1). Por ser Deus maior que toda a criação e estar envolvido com ela, se esperarmos nele nada temos a temer.

Criação glorificadora de Deus

Toda a criação foi feita para glorificar a Deus. "Os céus declaram a glória de Deus; o firmamento proclama a obra das suas mãos" (Salmos 19:1) Deus diz que também fomos criados para a sua glória (Isaías 43:7). Na verdade, o papel de Deus como Criador o torna digno de nosso louvor: "Tu, Senhor e Deus nosso, és digno de receber a glória, a honra e o poder, porque criaste todas as coisas, e por tua vontade elas existem e foram criadas" (Apocalipse 4:11).

A criação de Deus mostra seu poder e sua sabedoria superiores. "Mas foi Deus quem fez a Terra com o seu poder, firmou o mundo com a sua sabedoria e estendeu os céus com o seu entendimento" (Jeremias 10:12) Até mesmo uma breve reflexão sobre a complexidade, diversidade e beleza da criação produz em nós louvor a Deus por seu poder, sabedoria e inteligência.

Deus nunca precisou da glória da criação. Toda a glória de que ele precisa sempre esteve no seio da Trindade. Em vez disso, a Bíblia é clara: Deus criou todas as coisas e por sua "vontade elas existem e foram criadas" (Apocalipse 4:11). A criação foi um ato livre de Deus. Ele criou o Universo para mostrar sua grandeza, demonstrar sua excelência e deleitar-se em sua obra. Portanto, ao tomarmos prazer espontâneo nas atividades criadoras de Deus, em nossas ações e atividades criativas e nas atividades criativas de outros, estamos dando glória a Deus por imitar o deleite que ele desfrutou em sua criação.

A boa criação

Deus pode deleitar-se em sua criação porque ela lhe dá glória. Ele também se deleita nela, como nos diz em Gênesis 1:31, onde Deus olhou para tudo o que havia feito e considerou muito bom. A despeito de a criação nem sempre funcionar como deveria por causa do pecado, deveríamos considerá-la como sendo feita de bom material. "Pois tudo o que Deus criou é bom, e nada deve ser rejeitado, se for recebido com ação de graças" (1Timóteo 4:4).

Sendo assim, devemos aproveitar as coisas boas que Deus criou para nós. Apesar de algumas delas poderem ser utilizadas para fins pecaminosos, seu uso potencialmente prejudicial não as torna malignas em todas as situações. Por exemplo, embora Paulo diga que "o amor ao dinheiro é raiz de todos os males" (1Timóteo 6:10), ele também afirma que Deus mesmo "de tudo nos provê ricamente, para a nossa satisfação" (1Timóteo 6:17).

Desse modo, devemos usar alegremente a terra pródiga que Deus nos deu e procurarmos cuidar dela de maneira que traga glória e honra a seu nome.

Perguntas para revisão e aplicação

1. De que maneira os atos criadores de Deus produzem em nós grande humildade? Como eles nos concedem grande dignidade?

2. Liste algumas das formas como a terra, os animais e você mesmo podem dar glória a Deus, o Criador.

3. O que Deus pensa sobre toda a sua criação? Como sua visão da criação mudou depois de Adão e Eva cometerem o pecado? Como a visão de Deus de toda a Sua criação difere de nossa visão de aspectos específicos da criação?

5. O que é oração?

Uma das maneiras pelas quais Deus permite que sua criação se envolva com ele é por meio da oração. A oração, que é nossa comunicação pessoal com Deus, não só nos ajuda a conhecê-lo melhor, como também verdadeiramente. Por meio da oração, podemos fazer nossos pedidos a Deus, confessar-lhe nossos pecados e prestar-lhe adoração, louvor e ação de graças.

A razão para orar

Deus não quer que oremos para que ele possa saber do que precisamos, porque Jesus disse: "Seu Pai sabe do que vocês precisam, antes mesmo de o pedirem" (Mateus 6:8). Em disso, Deus quer que oremos para que a nossa dependência dele possa aumentar. Quando vamos a Deus em oração acerca de algo, expressamos uma confiança nele, a certeza de que ele vai ouvir e responder a nossas orações. É por isso que Jesus compara nossas orações com uma criança que pede a seu pai um peixe ou um ovo (Lucas 11:9-12). Como uma criança confia e espera que seu pai lhe proveja o que pediu, assim devemos esperar, com fé, que Deus tomará providências a nosso respeito. Jesus disse: E tudo o que pedirem em oração, se crerem, vocês receberão" (Mateus 21:22).

Deus não apenas deseja que nossa confiança nele cresça por meio da oração, mas também que nosso amor por ele e nossa relação com ele cresçam e se aprofundem. Quando oramos de verdade, fazemos isso com o todo de nosso caráter, em relação à totalidade de seu caráter. Assim, o que pensamos e sentimos sobre Deus acontecerá por meio de nossas orações. Isso, por sua vez, aprofundará nosso amor e nossa compreensão a seu respeito e, no final, estreitará nosso relacionamento com ele. Isso é algo em que Deus se deleita e também lhe traz glória.

Por fim, Deus quer que oremos porque isso nos permite fazer parte de uma história maior do que a nossa. Isso nos permite estar envolvidos em atividades que possuem significado eterno. Quando oramos, o reino de Deus avança, enquanto sua vontade é feita "assim na terra como no céu" (Mateus 6:10).

A eficiência da oração

Quando pedimos coisas em oração, Deus geralmente as atende. Jesus deixa isso bem claro quando diz: "Por isso lhes digo: Peçam, e lhes será dado; busquem, e encontrarão; batam, e a porta lhes será aberta. Pois todo o que pede, recebe; o que busca, encontra; e àquele que bate, a porta será aberta" (Lucas 11:9-10). Nossa falha em pedir coisas a Deus costuma ser a razão de não recebermos o que ele se compraz em dar. Tiago diz "[Vocês] não têm, porque não pedem" (Tiago 4:2).

A Escritura dá muitos exemplos de respostas divinas, até mesmo mudando a maneira de ele agir em resposta às orações de cada indivíduo. Por exemplo, quando o Senhor disse a Moisés que destruiria o povo de Israel por causa de seu pecado, Moisés lhe fez a seguinte oração: "Arrepende-te do fogo da tua ira! Tem piedade, e não tragas este mal sobre o teu povo!" (Êxodo 32:12). A resposta:

"E sucedeu que o Senhor arrependeu-se do mal que ameaçara trazer sobre o povo" (Êxodo 32:14).

Em um nível mais pessoal, João nos diz: "Se confessarmos os nossos pecados, ele é fiel e justo para perdoar os nossos pecados e nos purificar de toda injustiça" (1João 1:9). Esses dois exemplos, juntamente com muitos outros da Bíblia, devem nos encorajar a orar mais fervorosamente pedindo ao Senhor para operar do jeito que somente ele pode fazer.

De nossa parte, não temos o direito de pedir ousadamente qualquer coisa a Deus. Nosso próprio pecado pessoal deve nos desqualificar de solicitar algo a um Deus santo. Mas se a nossa fé está em Jesus, a Bíblia diz que ele é a razão de nossas orações surtirem efeito. Ele é o "mediador entre Deus e os homens" (1Timóteo 2:5). Ou, como o próprio Cristo afirmou: "Ninguém vem ao Pai, a não ser por mim" (João 14:6). Assim, Deus não tem obrigação de responder as orações daqueles que têm rejeitado seu Filho. Embora ele esteja ciente de tais orações e, às vezes, em virtude de sua misericórdia, prefere respondê-las, ele não promete ouvir e responder às orações dos descrentes como o faz com as orações daqueles que estão de acordo com sua vontade.

Visto ser Jesus o único e verdadeiro mediador entre o Deus santo e homens pecadores, ele pôde dizer aos discípulos: "Eu lhes asseguro que meu Pai lhes dará tudo o que pedirem em meu nome" (João 16:23). Quando ele disse isso, não quis significar que devemos nos apegar à frase "em nome de Jesus" para cada uma de nossas orações. Em vez disso, ele quis dizer que nossas orações deveriam ser feitas com base em sua autoridade como nosso mediador e de acordo com seu caráter. Isto é, em parte, o que João quis dizer quando escreveu àqueles "que creem no nome do Filho de Deus... [que] se pedirmos alguma coisa de acordo com a sua vontade, ele nos ouve" (1João 5:13-14).

Nossa atitude em oração

Não só ele nos ouve, diz João, mas "se sabemos que ele nos ouve em tudo o que pedimos, sabemos que temos o que dele pedimos" (1João 5:15). Essas orações efetivas que Jesus responde e que ansiamos fazer devem ser expressas "de acordo com sua vontade" (1João 5:14). Orar de acordo com a vontade de Deus muitas vezes requer humildade de nossa parte, pois demanda que oremos não simplesmente pelo que desejamos, mas, em vez disso, pelo que Deus deseja.

Às vezes é fácil saber o que é a vontade de Deus e, portanto, orar de acordo com ela. Por exemplo, se oramos de acordo com um mandamento direto ou uma declaração de sua vontade na Escritura, então poderemos pedir a Deus que faça aquilo que deseja e as coisas que lhe agradam. Na verdade, Jesus nos encoraja a ter em nós mesmos as próprias palavras de Deus enquanto oramos: "Se vocês permanecerem em mim, e as minhas palavras permanecerem em vocês, pedirão o que quiserem, e lhes será concedido" (João 15:7).

Há, no entanto, muitas situações em que não está totalmente claro qual é a vontade de Deus. Nesses momentos, devemos orar de acordo com os princípios gerais da Escritura, pedindo a Deus que opere em nosso favor fazendo-lhe as petições que nos parecem melhores ao entendimento. Devemos fazê-lo com uma atitude humilde, entendendo que estamos rogando a Deus para agir somente se nossos pedidos estiverem em harmonia com sua vontade. Algumas vezes Deus vai conceder o que pedimos. Outras, ele aprofundará nossa compreensão da situação para que nossos corações sejam movidos a pedir algo mais. Em outras ocasiões ele parecerá ficar em silêncio. Nesses tempos dificultosos, devemos ficar contentes em saber que a vontade de Deus nessa situação é melhor do que receber o que pedimos.

Mesmo assim, Jesus nos anima a orar de tal forma que creiamos já ter recebido (ou seja, o que Deus já decidiu nos dar) aquilo que pedimos (Marcos 11:24). Esse tipo de fé não é algo que possamos criar ou forçar se realmente não cremos; ela é dom de Deus concedido por ele por meio da oração. Essa "certeza daquilo que esperamos e a prova das coisas que não vemos" (Hebreus 11:1) provém da crença de que Deus existe e "que recompensa aqueles que o buscam" (Hebreus 11:6).

Qualquer coisa em nossa vida que desagrade a Deus prejudicará nossas orações.

Como o salmista explica: "Se eu acalentasse o pecado no coração, o Senhor não me ouviria" (Salmos 66:18). Da mesma forma, "o Senhor está longe dos ímpios, mas ouve a oração dos justos" (Provérbios 15:29). E "os olhos do Senhor estão sobre os justos e os seus ouvidos estão atentos a sua oração, mas o rosto do Senhor volta-se contra os que praticam o mal" (1Pedro 3:12).

Todavia, não precisamos estar completamente livres do pecado para que Deus ouça nossas orações. Se Deus somente respondesse as orações de pessoas perfeitas, sem pecado, então responderia apenas às orações de Jesus. E, como foi dito anteriormente, é apenas por causa da obra de Jesus em nosso favor que Deus ouve nossas orações. Nós, no entanto, precisamos buscar a santidade em nossa vida, pois esse é o caminho para maior bênção.

Quando cometemos pecado, Deus nos exorta a usar o dom da oração para buscar seu perdão. Quando confessamos os pecados a Deus, essa atitude restaura nosso relacionamento diário com ele. Quando confessamos nossos pecados, Deus é "fiel e justo" para perdoar esses pecados e não nos castigar por causa deles (1João 1:9), porque Cristo já foi punido por eles na cruz. Com esse incentivo, não devemos apenas buscar o perdão do Senhor para os erros que sabemos ter cometido, mas também devemos pedir que ele nos "absolva daqueles que desconhecemos". (Salmos 19:12). Além disso, Tiago nos anima a confessar nossos pecados "uns aos outros" e a "orar" uns pelos outros para que possamos ser curados" (Tiago 5:16).

Por fim, à luz da obra de Deus em nosso favor, devemos pedir coisas com atitude humilde porque "Deus resiste aos soberbos, mas dá graça aos humildes" (Tiago 4:6). Isso significa, em parte, que estamos cientes de que nem sempre pediremos coisas como deveríamos ou de acordo com a vontade de Deus, e, portanto, às vezes nossas preces não serão respondidas como desejamos.

Quando nossas orações ficam sem resposta, nos unimos à companhia de homens como Jesus e Paulo cujas orações não foram respondidas. Mesmo Jesus, antes de ser crucificado, pediu ao Pai para "afastar o cálice" dele, mas sua humildade e submissão à vontade de Deus é bem evidente na segunda parte de sua oração: "Todavia não se faça a minha vontade, mas a tua" (Lucas 22:42).

Por três vezes Paulo "implorou ao Senhor" que removesse sua aflição. O Senhor não o atendeu, mas lhe disse: "A minha graça te basta, porque o meu poder se aperfeiçoa na fraqueza" (2Coríntios 12:8-9). Essas orações não respondidas não abalaram a confiança de Jesus e nem a de Paulo num Deus que faz todas as coisas para o bem daqueles que são chamados segundo o seu propósito (Romanos 8:28). Deus nos promete hoje: "Não te deixarei, nem te desampararei" (Hebreus 13:5). Portanto, independentemente da situação, podemos confiadamente dizer: "O Senhor é o meu ajudador, e não temerei O que me possa fazer o homem" (Hebreus 13:6).

Perguntas para revisão e aplicação

1. Por que Deus quer que oremos? Como você tem recentemente experimentado os benefícios da oração? Reserve um momento

para orar agradecendo a Deus pelo modo como ele o tem abençoado por meio da oração.

2. É obrigação de Deus dar-nos o que pedimos em oração? Por que sim ou por que não?

3. Existe alguma coisa em sua vida agora que esteja impedindo suas orações? Se assim for, separe um momento para orar pedindo que Deus o perdoe de tudo quanto impede suas orações.

6. O que são anjos, Satanás e demônios?

Até este ponto, ao discutirmos sobre a criação de Deus, limitamos nosso estudo ao domínio físico. Todavia, também existem criaturas espirituais que Deus criou, chamadas anjos e demônios. Satanás, ele mesmo um anjo mau, é considerado o chefe dos demônios.

Anjos

Os anjos são seres espirituais criados e dotados de julgamento moral e elevada inteligência, mas sem corpos físicos. Eles são guerreiros de Deus e, como um grupo, são muitas vezes denominados de hostes (ou exércitos) do céu. Eles nem sempre existiram; mas são parte do Universo que Deus criou. Esdras afirma isso quando diz acerca de Deus: "Só tu és Senhor; tu fizeste o céu, o céu dos céus, e todo o seu exército" (Neemias 9:6).

Uma vez que os anjos são "espíritos" (Hebreus 1:14), eles não possuem corpos físicos, pois, como Jesus disse: "Um espírito não tem carne nem ossos" (Lucas 24:39). Portanto, os anjos não podem ser vistos normalmente, a menos que o Senhor abra nossos olhos (como fez com Balaão em Números 22:31), eles assumam forma corporal para aparecer (como aconteceu no túmulo de Jesus em Mateus 28:5).

Normalmente, porém, os anjos são invisíveis enquanto realizam suas atividades comuns de nos proteger de todas as maneiras (Salmos 91:11) e se juntam a nós em nossa adoração a Deus (Hebreus 12:22). Os anjos demonstraram julgamento moral quando pecaram e foram expulsos do céu (2Pedro 2:4). Eles evidenciam sua inteligência por meio de diálogo com os humanos (ver Mateus 28:5) e cantam louvores a Deus (ver Apocalipse 4:11).

Os anjos possuem grande poder — eles são chamados de "poderosos" (Salmos 103:20) e são "maiores em força e poder" do que os injustos seres humanos (2Pedro 2:11). Mesmo assim, Deus demonstra maior amor pelos humanos do que pelos anjos, porque ele "não poupou os anjos que pecaram, mas os lançou no inferno, prendendo-os em abismos tenebrosos" (2Pedro 2:4). Ao contrário, quando Adão e Eva pecaram, embora fossem expulsos do paraíso, não foram lançados no inferno. Em lugar de colocá-los em cadeias, Deus lhes fez vestes para cobrir sua vergonha (Gênesis 3:21-23).

Como os anjos realizam de maneira diligente os planos de Deus ao cumprir "sua palavra" (Salmos 103:20), eles nos servem de exemplo. Também nos servem como exemplo ao adorarem e glorificarem continuamente ao Senhor (ver Isaías 6:2-3). Deveríamos, portanto, estar cientes da presença invisível dos anjos enquanto nos empenhamos em nossa vida diária. Eles podem se unir a nós na adoração, protegendo-nos e guardando-nos, ou mesmo visitando-nos como estrangeiros em busca de hospitalidade (Hebreus 13:2). Mas não devemos orar a anjos ou adorá-los. Quando João tentou adorar um anjo, este prontamente lhe disse: "Não faça isso! Sou servo como você e como os seus irmãos que se mantêm fiéis ao testemunho de Jesus" (Apocalipse 19:10). Devemos tão somente adorar ao Senhor e orar a ele. Não devemos tratar anjos, que são parte da criação de Deus, da mesma forma que tratamos a Deus.

Demônios

Os demônios são anjos maus que pecaram contra Deus e que agora praticam continuamente o mal no mundo. Eles são os anjos que pecaram e a quem "Deus não poupou, mas os lançou no inferno, prendendo-os em abismos tenebrosos" (2Pedro 2:4). Mas os demônios não foram criados maus. Como integrantes da criação original, eles eram parte do "tudo" o que Deus criara e considerara "muito bom" (Gênesis 1:31). Embora a Bíblia não nos diga especificamente quando eles caíram, no entanto, entre sua criação e a tentação de Satanás para que Eva pecasse, eles "não conservaram suas posições de autoridade, mas abandonaram sua própria morada" (Judas 1:6) e foram lançados no inferno.

Satanás é o nome próprio do líder dos demônios. Ele é mencionado por nome em passagens como 1Crônicas 21:1, onde diz: "Satanás levantou-se contra Israel e levou Davi a fazer um recenseamento do povo". Jesus falou diretamente com ele quando tentado no deserto: "Retire-se, Satanás!" (Mateus 4:10). Quando os discípulos disseram a Jesus que os demônios se sujeitavam a seu nome, o Salvador lhes respondeu, dizendo: "Eu vi Satanás caindo do céu como relâmpago" (Lucas 10:18). A Bíblia também usa os seguintes nomes para Satanás: "o diabo" (Mateus 4:1), "a serpente" (Gênesis 3:1), "Belzebu" (Mateus 10:25), "o príncipe deste mundo" (João 12:31), "o príncipe do poder do ar" (Efésios 2:2) e "o maligno" (Mateus 13:19).

Satanás foi "homicida desde o princípio" e o "pai da mentira" (João 8:44). "O diabo", nos diz em 1João 3:8, "pecou desde o início". Ele é o criador do pecado, tendo pecado antes de enganar "Eva com astúcia" (2Coríntios 11:3). Ele também tentou Cristo a cometer pecado (Mateus 4:1-11) para levá-lo a falhar em sua missão de "destruir as obras do diabo" (1João 3:8). Satanás e seus demônios tentam usar todo tipo de tática destrutiva para cegar as pessoas para que não vejam "a luz do evangelho da glória de Cristo" (2Coríntios 4:4). Eles também usam estratégias destruidoras semelhantes como tentação, dúvida, mentiras, assassinato, culpa, medo, confusão, doenças, inveja, orgulho e calúnia para impedir o propósito e o testemunho do cristão.

O diabo e seus anjos são limitados tanto em seu próprio poder como pelo controle de Deus naquilo que podem ou não fazer. Eles são mantidos em "em trevas, presos com correntes eternas" (Judas 6). O próprio Satanás pode ser resistido com sucesso pela autoridade de Cristo: "Resistam ao diabo, e ele fugirá de vocês" (Tiago 4:7). Ele e seus demônios não podem conhecer o futuro, pois só Deus pode declarar "desde o início [...] o fim, desde tempos remotos, o que ainda virá" (Isaías 46:10).

Embora sejam capazes de observar o que fazemos diariamente (e daí tirar conclusões sobre nossos pensamentos ou futuro), eles não sabem com certeza o que estamos pensando ou o que nosso futuro reserva (ver Daniel 2:27-28, onde ninguém falava por qualquer outro poder senão o Deus dos céus que pôde conhecer o sonho do rei).

Atividade demoníaca

Como os anjos de Deus, Satanás e seus demônios estão presentemente ativos no mundo e produzem muito mal. Mas eles não são os únicos responsáveis pelo mal existente neste planeta. Grande parte do pecado mencionado na Bíblia não é o resultado de Satanás ou seus demônios, mas sim das próprias ações das pessoas (Tiago 1:14). No entanto, a Bíblia nos incentiva a agirmos de maneira sóbria e vigilante, porque "o diabo, o inimigo de vocês, anda ao redor como leão, rugindo e procurando a quem possa devorar" (1Pedro 5:8). Portanto, somos encorajados a "resistir" (1Pedro 5:9) e não aceitar a presença do diabo (Efésios 4:27).

Como esses ataques de Satanás e seus demônios se originam em várias formas e graus, aqueles que creem em Jesus devem perceber que, mediante sua morte, Jesus anulou o poder daquele "que tem o poder da morte, isto é, o diabo" (Hebreus 2:14). E, na cruz, Deus despojou "os poderes e as autoridades, fez deles um espetáculo público, triunfando sobre eles na cruz" (Colossenses 2:15). Assim, se Satanás ou seus demônios realizarem um ataque contra nós, devemos confiar na vitória de Cristo e usar "as armas com as quais lutamos", que "são poderosas em Deus para destruir fortalezas" (2Coríntios 10:4). Por vezes também podemos decidir falar diretamente com um espírito maligno, ordenando-lhe para sair em nome de Jesus (ver Lucas 9:1; 10:17; Atos 8:7; 16:18; Tiago. 4:7). Não devemos temer demônios, pois "aquele que está em vocês é maior do que aquele que está no mundo" (1João 4:4). Todas as vezes deveríamos nos alegrar "não porque os espíritos se submetem a vocês, mas porque seus nomes estão escritos nos céus" (Lucas 10:20).

Em Romanos 16:20, Paulo diz aos cristãos: "Em breve o Deus da paz esmagará Satanás debaixo dos pés de vocês". Enquanto as boas-novas do evangelho são pregadas e as pessoas creem em Jesus, outra batalha espiritual é vencida. E algum dia Cristo virá e removerá completamente a influência de Satanás e dos demônios deste mundo (ver 2Tessalonicenses 2:8; Apocalipse 20:1-3).

Perguntas para revisão e aplicação

1. Os anjos são como nós? Como eles diferem de nós?

2. Qual é o papel principal dos anjos no mundo em nossos dias?

3. Quais são algumas coisas que a Bíblia nos fala sobre Satanás? Como essas coisas o colocam em guarda contra ele? Como essas coisas removem alguns temores que você possa ter a respeito dele?

7. O que é o homem?

Após Deus criar as plantas e animais na terra, ele teve algo mais a criar, o auge de sua criação: "Criou Deus o homem a sua imagem, à imagem de Deus o criou; homem e mulher os criou. Deus os abençoou, e lhes disse: 'Sejam férteis e multipliquem-se! Encham e subjuguem a terra! Dominem sobre os peixes do mar, sobre as aves do céu e sobre todos os animais que se movem pela terra'" (Gênesis 1:27-28).

Deus não nos criou porque lhe faltasse alguma coisa ou precisasse de algo. Ele não estava sozinho, nem precisava de alguém ou de algo para lhe trazer louvor ou dar-lhe glória, mas ele ainda escolheu criar-nos e nós devemos dar-lhe glória. Em Isaías 43:7, Deus diz: "Todo o que é chamado pelo meu nome [...] para a minha glória, a quem formei e fiz". Embora se suponha que esse fato atribua significado a nossa vida, a menos que entendamos o que isso constitui, ele pode soar como vazio e sem sentido. Dar glória a Deus significa dar-lhe grande honra e louvor, e podemos fazer isso de várias maneiras.

Criado para a glória de Deus

Pelo fato de termos sido criados para a glória de Deus, nosso objetivo final na vida deveria ser viver para sua glória. Dar glória a Deus concederá à nossa vida propósito e significado; dará à vida a alegria pela qual todos ansiamos. Dar glória de Deus faz parte da vida sobre a qual Jesus falou em: "Eu vim para que tenham vida, e a tenham plenamente" (João 10:10).

Uma das maneiras pelas quais podemos glorificar a Deus é deleitando-nos nele. Como Davi diz: "Tu me farás conhecer a vereda da vida, a alegria plena da tua presença, eterno prazer à tua direita" (Salmos 16:11). Plenitude de alegria é achada em conhecer a Deus e deleitar-se nele. Quando fazemos isso, damos-lhe a glória que ele deseja e que almejamos dar-lhe. Em meio a tudo isso, vemos Deus se regozijando em nós "com o seu amor" e exultando sobre nós com "brados de alegria" (Sofonias 3:17).

Criado à imagem de Deus

Se tudo o que Bíblia falasse sobre nós mesmos dissesse que fomos criados para a glória de Deus, isso já seria uma coisa maravilhosa, mas não nos distinguiria realmente muito do restante da criação. Pois, "os céus declaram a glória de Deus; o firmamento proclama a obra das suas mãos" (Salmos 19:1). Parte de nossa peculiaridade, no entanto, vem do fato de que somos a única parte da criação divina feita "à imagem de Deus" (Gênesis 1:27).

Como criaturas feitas à imagem de Deus, fomos planejados para ser como ele. Logo, quanto mais entendermos sobre Deus, mais entendemos a nós mesmos, e quanto mais nos entendermos, mais saberemos sobre ele. Por exemplo, somos criaturas morais feitas com um sentido inato do certo e errado — esse é um reflexo do perfeito senso de Deus sobre o certo e o errado. Além disso, não somos meramente criaturas físicas; somos também criaturas espirituais, o que significa que somos um pouco como Deus, que é espírito. Nosso espírito é um reflexo da natureza divina e nos permite uma relação pessoal com ele. Vejamos outro exemplo: nossa capacidade de pensar e processar informações é um reflexo do conhecimento de Deus. E nossa capacidade de nos relacionarmos uns com os outros, bem como nosso desejo de estar em comunidade, é um reflexo da perfeita comunidade de Deus dentro da Trindade. O Pai, o Filho e o Espírito Santo têm sempre estado relacionados perfeitamente um com o outro.

Por causa do pecado, a imagem de Deus em nós ficou parcialmente distorcida. Sua imagem não é vista tão claramente quanto foi uma vez. A despeito de a Bíblia ser clara sobre o homem ainda ser "feito à semelhança de Deus" (Tiago 3:9), essa similitude contaminada pelo pecado não se parece com tudo o que se pensa a respeito. Por exemplo, o pecado distorce nosso julgamento moral, obscurece nosso pensamento e dificulta nosso companheirismo com os outros.

A boa notícia é que a imagem de Deus está sendo restaurada. Deus redime seus filhos por meio da vida, morte e ressurreição de Jesus, para que sejam "conforme à imagem de seu Filho" (Romanos 8:29), que é a "imagem do Deus invisível" (Colossenses 1:15). Paulo diz que os cristãos amados possuem nova natureza, que "está sendo renovada em conhecimento, à imagem do seu Criador" (Colossenses 3:10). Enquanto aqui na Terra, "estamos sendo transformados" à imagem de Cristo, "com glória cada vez maior" (2Coríntios 3:18).

No final dos tempos, todos os filhos de Deus se tornarão como seu Filho Jesus Cristo. Pois, "assim como tivemos a imagem do homem terreno, teremos também a imagem do homem celestial" (1Coríntios 15:49). Cristo "é a imagem de Deus" (2Coríntios 4:4) em sentido perfeito. Em Jesus, vemos a semelhança de Deus como se pretendia, e, por causa dele, seremos transformados para refletir a imagem de Deus como estávamos destinados a ter.

Responsabilidades como criaturas feitas à imagem de Deus

Como seres criados à imagem de Deus, também fomos feitos para ser seus representantes na Terra. Assim como um rei que coloca imagens de si mesmo (por meio de estátuas e quadros) em todo o seu reino para mostrar onde ele governa, Deus, por nosso intermédio, colocou imagens de si mesmo em todo o mundo. É por isso que ele ordenou que Adão e Eva: "Sejam férteis e multipliquem-se! Encham e subjuguem a terra!" (Gênesis 1:28). Quando multiplicaram a imagem de Deus na Terra, demonstraram em todos os lugares que Deus governa e reina. E como "do Senhor é a Terra e tudo o que nela existe" (Salmos 24:1), Deus deseja que sua imagem "encha a Terra" (Gênesis 1:28). Quando preenchemos a Terra com a imagem de Deus, demonstramos em todos os lugares em que ele reina e governa, e isso lhe produz a glória que ele deseja e merece.

Como representantes de Deus na Terra, também somos chamados a cuidar de seus domínios. Quando Deus ordenou a Adão e Eva que "subjugassem" a Terra e dominassem "sobre os peixes do mar, sobre as aves do céu e sobre todos os animais que se movem pela terra" (Gênesis 1:28), fez isso como um rei dizendo a seus representantes que cuidassem de seu reino de maneira que lhe trouxesse honra. Assim, embora sejamos livres para desfrutar a abundância da terra que a ele pertence, devemos fazê-lo de modo que demonstre cuidado por ela e respeito por seu Criador.

E quando temos a oportunidade de realizar melhorias no mundo em que vivemos, estamos dando a Deus a glória que ele merece, tornando a sua Terra mais semelhante ao que ele pretendia que fosse.

Como portadores da imagem de Deus — representantes do Rei do Universo — temos a tremenda responsabilidade de ajudar a restaurar seu povo e sua terra do jeito que eles deveriam ser. É-nos dada a oportunidade de trabalhar ao lado do rei que está "fazendo novas todas as coisas!" (Apocalipse 21:5).

Portanto, tenhamos grande esperança e respeito por todas as pessoas, independentemente de seu estado. Elas, assim como nós, são o ponto culminante da infinitamente sábia e engenhosa criação divina. Elas têm o potencial de retornar à beleza de Jesus Cristo, a "imagem do Deus invisível" (Colossenses 1:15), voltando as costas a seus pecados e retornando ao Criador.

Também temos uma grande esperança e respeito pelo mundo que Deus nos confiou. Desejamos vê-lo retornar a seu estado original, um mundo sem "espinhos e ervas daninhas" (Gênesis 3:18). E enquanto trabalhamos com alegria para atingir esse objetivo, damos a Deus a glória para a qual fomos criados.

Perguntas para revisão e aplicação

1. Por que fomos criados? Quais são alguns exemplos específicos de modos pelos quais podemos cumprir o objetivo para o qual fomos feitos?

2. O que significa ser criado à imagem de Deus? Como isso afeta sua visão de si mesmo?

3. Quais são as nossas responsabilidades como portadores da imagem de Deus? Quais são as maneiras pelas quais você e sua igreja podem atender a essas responsabilidades?

8. O que é pecado?

O pecado destroça tudo e todos. Não vivemos como estávamos originalmente designados a viver, e não vivemos num mundo para o qual fomos projetados. O pecado arruína a imagem de Deus em nós; não mais refletimos a perfeição com que Deus nos criou. Por causa do pecado, as coisas simplesmente não são do modo como deveriam ser originalmente. A história da espécie humana, tal como apresentada na Bíblia, é a história de Deus restaurando pessoas perdidas que vivem num mundo arruinado. É a história da vitória de Deus sobre os muitos resultados do pecado no mundo.

O que é pecado

O pecado é qualquer falha em obedecer à lei moral de Deus em atos, atitudes ou natureza. Deus implanta sua lei moral em muitos lugares ao longo da Bíblia. Um deles são os Dez Mandamentos encontrados em Êxodo 20:1-17. Visto que pecado é alguma ação contrária à lei moral de Deus, faz sentido que Êxodo 20:13 diga: "Não matarás" e em Êxodo 20:15 lemos: "Não furtarás". Mas o pecado é também encontrado em atitudes opostas à lei moral de Deus. É por isso que Êxodo 20:17 diz: "Não cobiçarás a casa do teu próximo. Não cobiçarás a mulher do teu próximo". O pecado também é encontrado em nossa natureza, o caráter interno que é a essência de quem somos. Eis por que Paulo diz que aqueles que rejeitam Jesus são "por natureza, filhos da ira" (Efésios 2:3).

Deus é eternamente bom em seu caráter; tudo o que ele é se acha em perfeita conformidade com sua lei moral. Portanto, qualquer coisa antagônica a sua lei moral é contrária a seu caráter, isto é, em oposição ao próprio Deus. O Senhor odeia o pecado porque esse contradiz diretamente tudo o que ele é.

De onde vem o pecado

Em razão de o pecado estar em completa contradição com Deus, ele não pode pecar e nunca deveríamos culpá-lo pelo surgimento do pecado, nem mesmo pensar que a existência do pecado é culpa de Deus. As obras de Deus "são perfeitas, e todos os seus caminhos são justos. É Deus fiel, que não comete erros; justo e reto ele é" (Deuteronômio 32:4). É impossível para Deus mesmo desejar fazer o que é errado, "pois Deus não pode ser tentado pelo mal, e a ninguém tenta" (Tiago 1:13). No entanto, a Bíblia também diz que Deus "faz todas as coisas segundo o propósito da sua vontade" (Efésios 1:11), desse modo, parece que ele, de alguma forma, ordenou que o pecado viesse ao mundo.

O pecado não surpreendeu a Deus quando se abateu sobre o mundo e nem o dominou. Em vez disso, Deus decidiu permitir que as criaturas morais, deliberada e voluntariamente, escolhessem pecar. Como juntar essas duas verdades é uma das questões mais difíceis em teologia, e nos é saudável permitir um elemento substancial de mistério, admitindo que um entendimento completo a respeito está além da capacidade de qualquer pessoa hoje. (O reconhecimento de que há mistério aqui deveria também nos guardar de entrar em acalorados argumentos sobre esse assunto!)

O pecado existiu em Satanás e seus demônios antes da desobediência de Adão e Eva, e então entrou no mundo dos humanos através da decisão deles. Deus disse a Adão: "Não coma da árvore do conhecimento do bem e do mal" (Gênesis 2:17). Então, quando Adão e Eva comeram da árvore (Gênesis 3:6), eles contradisseram diretamente a ordem de Deus. Nem o Senhor nem Satanás os obrigaram a comer da árvore; eles fizeram isso por pura e espontânea vontade, e assim pecaram contra Deus.

Como resultado, a natureza de Adão tornou-se pecaminosa. O pecado tornou-se algo que Adão naturalmente praticava e também nos fez herdar uma natureza pecaminosa, que é naturalmente oposta a Deus e a sua lei moral. Por isso que Paulo disse: "Sei que nada de bom habita em mim" (Romanos 7:18). Eis por que Jeremias disse: "O coração é mais enganoso que qualquer outra coisa e sua doença é incurável. Quem é capaz de compreendê-lo?" (Jeremias 17:9). Davi também disse: "Sei que sou pecador desde que nasci, sim, desde que me concebeu minha mãe" (Salmos 51:5). Por isso mesmo é que "os ímpios erram o caminho desde o ventre" (Salmos 58:3).

Embora nossa tendência hereditária para o pecado não signifique que somos tão maus quanto poderíamos, isso quer dizer, porém, que nós, como Adão após ter pecado, somos incapazes de fazer algo que agrade a Deus. Temos falta de qualquer bem espiritual e, por conseguinte, somos incapazes de produzir qualquer bem espiritual diante de Deus. Embora, do ponto de vista humano, sejamos capazes de fazer coisas que pareçam boas, para Deus "todos os nossos atos de justiça são como trapo imundo" (Isaías 64:6).

Cada segmento de nosso ser é afetado pelo pecado — nosso intelecto, nossas emoções, nossos desejos, nossos corações, nossos objetivos, nossos motivos e até mesmo nosso corpo físico. Todos estão sujeitos à decadência e à destruição causadas pelo pecado. Nossas ações, nossas atitudes e nossa própria natureza, tudo nos torna culpados de pecado.

Recebemos não só a natureza pecaminosa de Adão, mas também a culpa gerada pelo pecado, e o ato de Adão resultou não somente em sua própria culpa, mas também na culpa de qualquer outro humano. Como Paulo explica: "O pecado entrou no mundo por um homem, e pelo pecado a morte, assim também a morte veio a todos os homens, porque todos pecaram" (Romanos 5:12). E "por meio da desobediência de um só homem muitos foram feitos pecadores" (Romanos 5:19). Assim, quando Adão pecou, Deus pensou em todos nós como pecadores.

Embora isso possa parecer injusto e difícil de acreditar, é muito coerente com o padrão de Deus. "Logo, assim como por meio da desobediência de um só homem muitos foram feitos pecadores, assim também, por meio da obediência de um único homem muitos serão feitos justos" (Romanos 5:19). Deus encara a espécie humana como algo organicamente completo, uma unidade representada por Adão como seu cabeça. Ele também, como está claro em Romanos 5:19, considera a nova raça de cristãos como organicamente unidos, uma unidade representada por Cristo como seu cabeça. Não podemos aceitar a segunda declaração sem anuir com a primeira.

Mesmo que não creiamos no fato de ser considerados culpados por causa do pecado de Adão, todos devemos admitir que temos contraditado a lei moral de Deus, tanto em atitude como em ação. Assim, somos todos culpados de pecado e necessitados de um meio de nos tornarmos justos diante de Deus. As boas-novas são de que Deus projetou o mundo de tal forma que nossas falhas pessoais podem ser redimidas por meio do trabalho de outro. Nossa desobediência individual pode se tornar justa pela obediência de outro, e nosso pecado pode ser removido pela imaculabilidade de outro.

Como o pecado nos afeta

A Escritura é clara: "Não há ninguém que não peque" (1Reis 8:46). "Não há ninguém que faça o bem, não há nem um sequer"

(Salmos 14:3). "Pois todos pecaram e estão destituídos da glória de Deus" (Romanos 3:23). E como nos diz João: "Se afirmarmos que estamos sem pecado, enganamo-nos a nós mesmos, e a verdade não está em nós" (1João 1:8). Portanto, todos são culpados perante Deus.

O Senhor disse que a pena por comer da árvore do conhecimento do bem e do mal era a morte (Gênesis 2:17). A morte, diz-nos Paulo, é realmente a penalidade para cada pecado: "O salário do pecado é a morte" (Romanos 6:23). Mas assim como Deus não aplicou imediatamente a pena da morte sobre Adão e Eva, ele não faz o mesmo conosco da morte. Na verdade, por meio da vida, morte e ressurreição de Jesus, Deus nos oferece libertação da condenação que o pecado traz. Pedro, falando sobre Jesus, disse: "Ele mesmo levou em seu corpo os nossos pecados sobre o madeiro, a fim de que morrêssemos para os pecados e vivêssemos para a justiça" (1Pedro 2:24). Para aqueles que olham para Jesus para o perdão de seus pecados "nenhuma condenação há" (Romanos 8:1).

Então, ao pecarmos como cristãos perdoados, nossa posição legal diante de Deus não é afetada. Ainda somos perdoados porque a morte de Cristo pagou por todos os nossos pecados. Como Paulo nos diz: "Cristo morreu pelos nossos pecados" (1Coríntios 15:3), sem qualquer distinção entre os pecados passados, presentes e futuros. A despeito de João nos dizer que todos pecamos, ele também afirma que, mesmo em nosso pecado, "agora somos filhos de Deus" (1João 3:2).

Conquanto o pecado não afete nosso estado ou permanência com Deus, ele atinge nossa comunhão com o Senhor, porque Deus se entristece com nosso pecado. Isso pode muitas vezes resultar na disciplina divina em nossa vida, uma vez que "o Senhor disciplina a quem ama" (Hebreus 12:6). Essa amorosa disciplina é "para o nosso bem, para que participemos da sua santidade" (Hebreus 12:10). O pecado também pode afetar nosso relacionamento com os outros. Palavras ou ações pecaminosas podem resultar em um relacionamento rompido, mesmo entre os cristãos.

Apesar de todos os cristãos ainda pecarem, eles não devem participar de um padrão de desobediência de longo prazo cada vez maior à lei moral do Senhor, pois "Todo aquele que é nascido de Deus não pratica o pecado" (1João 3:9). Mas se uma pessoa torna o pecar uma prática, isto é, se alguém continua em um padrão de desobediência sem arrependimento, ele pode verdadeiramente não ter posto sua confiança em Jesus para a salvação. Ou seja, o padrão pecaminoso de sua vida pode mostrar que ele jamais foi realmente um cristão.

Por outro lado, quando os cristãos pecam, devem honesta e rapidamente "confessar" seus pecados a Deus. Quando fazermos isso, descobrimos que Deus é "fiel e justo para perdoar os nossos pecados e nos purificar de toda injustiça" (1João 3:9).

Perguntas para revisão e aplicação

1. O que é pecado? Como ele afeta nossa vida e o mundo em que vivemos?

2. Continuarão os cristãos a pecar? Por que sim ou por que não?

3. Quais são alguns dos resultados negativos do pecado na vida de um cristão? O que os cristãos deveriam fazer se pecarem?

4. Como o pecado foi derrotado? Como você se sente em relação a isso? Reserve um momento para orar, contando a Deus como a derrota do pecado faz você se sentir.

9. Quem é Cristo?

Na pessoa de Jesus, Deus entrou fisicamente em nosso mundo — um Deus infinito veio viver num mundo finito. Aquele que conhecia exatamente como as coisas deveriam ser, chegou a lugares onde as coisas obviamente não eram. Em Jesus, Deus e o homem tornaram-se uma pessoa, um ser diferente de qualquer outro que o mundo já viu ou jamais verá. Jesus Cristo era, e para sempre será, totalmente Deus e totalmente homem numa só pessoa, e essa pessoa mudou o curso da história para sempre.

Jesus – plenamente homem

Jesus era plena e completamente humano. Ele foi concebido no útero de sua mãe por uma obra milagrosa do Espírito Santo, o que está bem claro em Mateus 1:18: "Foi assim o nascimento de Jesus Cristo: Maria, sua mãe, estava prometida em casamento a José, mas, antes que se unissem, achou-se grávida pelo Espírito Santo". Conquanto muitas coisas pudessem ser ditas sobre isso, uma fica bem evidente: Jesus nasceu de mãe humana. Seu nascimento comum a todos os humanos confirma sua humanidade.

Assim como temos um corpo humano, Jesus também o possuía. Quando criança, ele "crescia e se fortalecia" (Lucas 2:40) e, à medida que amadurecia, crescia "em sabedoria, estatura e graça diante de Deus e dos homens" (Lucas 2:52). Ele se cansava de uma viagem (João 4:6); após jejuar, "sentia fome" (Mateus 4:2); enquanto na cruz, disse: "Tenho sede" (João 19:28). Seu corpo era, em todos os aspectos, exatamente como o nosso.

Jesus ressuscitou da morte em um corpo físico e humano, que não estava mais sujeito a fraqueza, doença ou morte. Como ele disse a seus discípulos que se surpreenderam ao ver o Cristo ressuscitado: "Vejam as minhas mãos e os meus pés. Sou eu mesmo! Toquem-me e vejam; um espírito não tem carne nem ossos, como vocês estão vendo que eu tenho" (Lucas 24:39). Jesus continua vivendo em seu corpo humano, porém perfeito, no céu.

A mente de Jesus era como a nossa também, e ele teve de passar por um processo de aprendizagem como qualquer criança. Lucas, por exemplo, nos diz que ele "crescia em sabedoria" (Lucas 2:52). Como uma criança normal, ele aprendeu a fazer coisas como falar, ler, escrever e comer. Em sua natureza humana, ele não sabia o dia em que iria retornar à Terra; "quanto ao dia e à hora ninguém sabe, nem os anjos no céu, nem o Filho, senão somente o Pai" (Marcos 13:32).

Além disso, Jesus sentiu toda a gama de emoções: ele "admirou-se" da fé do centurião (Mateus 8:10); "chorou" pela morte de seu amigo Lázaro (João 11:35); e orou a Deus "em alta voz e com lágrimas". Antes de sua crucificação, ele disse: "A minha alma está profundamente triste, numa tristeza mortal" (Mateus 26:38) e "Agora meu coração está perturbado" (João 2:27).

Jesus era como nós em todos os aspectos, menos um: ele não tinha pecado. Por isso, no final de sua vida, ele pôde dizer: "Tenho obedecido aos mandamentos de meu Pai e em seu amor permaneço" (João 15:10). Eis por que Paulo se refere a Jesus como "aquele que não tinha pecado" (2Coríntios 5:21). Pedro afirma que "ele não cometeu pecado algum, e nenhum engano foi encontrado em sua boca" (1Pedro 2:22). João nos diz que "nele não há pecado"

(1João 3:5). Obviamente, Jesus é "alguém que, como nós, passou por todo tipo de tentação, porém, sem pecado" (Hebreus 4:15).

Jesus tinha de ser completamente humano para servir como nosso representante perfeitamente obediente. Sua obediência representativa como homem está em contraposição à desobediência representativa de Adão. Paulo diz que "por meio da desobediência de um só homem muitos foram feitos pecadores, assim também, por meio da obediência de um único homem muitos serão feitos justos" (Romanos 5:19). Se Jesus não fosse totalmente humano, sua obediência em nosso lugar seria sem significado.

Assim como Jesus tinha de ser humano para viver em nosso lugar, ele também precisava ser humano para morrer em nosso lugar. Como está escrito em Hebreus 2:17: "Era necessário que ele se tornasse semelhante a seus irmãos em todos os aspectos, para se tornar sumo sacerdote misericordioso e fiel com relação a Deus e fazer propiciação pelos pecados do povo". Se Cristo não fosse totalmente humano, sua morte em nosso lugar não teria significado.

Além disso, a humanidade de Jesus (assim como sua divindade) permite que ele sirva como "um só mediador entre Deus e os homens" (1Timóteo 2:5). Isso também significa que, como homem, ele "passou por todo tipo de tentação, porém, sem pecado", assim, é capaz de "compadecer-se das nossas fraquezas" (Hebreus 4:15). "Porque, tendo em vista o que ele mesmo sofreu quando tentado, ele é capaz de socorrer aqueles que também estão sendo tentados" (Hebreus 2:18).

Jesus – plenamente Deus

Como dissemos anteriormente, Jesus foi concebido no útero de sua mãe mediante uma obra milagrosa do Espírito Santo —

novamente isso fica claro em Mateus 1:18. O nascimento virginal de Jesus foi uma obra sobrenatural de Deus, e, por meio da obra interior do Espírito Santo em Maria, mãe de Jesus, o humano e o divino estavam unidos de um modo que jamais estarão em qualquer outro ser humano.

Como vimos ao discutirmos a deidade completa da Trindade (ver capítulo 3), a Bíblia diz de maneira bem compreensível que Jesus é totalmente Deus. Por exemplo, Paulo escreve sobre Jesus em Colossenses 2:9: "Pois em Cristo habita corporalmente toda a plenitude da divindade". Ademais, quando os contemporâneos de Jesus o chamavam de Senhor, estavam empregando um termo usado mais de seis mil vezes na tradução grega do Antigo Testamento para se referir a Deus ou "o Senhor". Logo, quando os anjos anunciaram o nascimento de Jesus, "Hoje, na cidade de Davi, lhes nasceu o Salvador que é Cristo, o Senhor" (Lucas 2:11), eles estavam dizendo que foi o próprio Senhor Deus que nasceu.

Quando perguntado se ele tinha visto Abraão, Jesus respondeu dizendo: "Antes de Abraão nascer, Eu Sou!" (João 8:58). Aqueles que o ouviram dizer isso "apanharam pedras para apedrejá-lo" (João 8:59), atitude que um respeitável líder religioso teria feito se alguém reivindicasse ser Deus. Eles entenderam que Jesus estava reivindicando o mesmo título que Deus reclamou para si mesmo em Êxodo 3:14: "Eu Sou o que Sou".

Em Apocalipse 22:13, Jesus diz: "Eu sou o Alfa e o Ômega, o Primeiro e o Último, o Princípio e o Fim". Isso se assemelha muito ao que Deus o Pai disse no início do mesmo livro: "Eu sou o Alfa e o Ômega", diz o Senhor Deus, "o que é, o que era e o que há de vir, o Todo-poderoso" (Apocalipse 1:8).

O profeta Isaías afirma que Jesus é o rei que reina para sempre, um papel que só Deus poderia ocupar: "Ele estenderá o seu domínio e haverá paz sem fim" (Isaías 9:7). Eis por que Paulo afirmou que Jesus é digno de adoração: "Por isso Deus o exaltou à mais alta posição e lhe deu o nome que está acima de todo nome, para que ao nome de Jesus se dobre todo joelho, no céu, na terra e debaixo da terra, e toda língua confesse que Jesus Cristo é o Senhor, para a glória de Deus Pai" (Filipenses 2:9-11). A divindade de Cristo é a razão de Deus o Pai dizer: "Todos os anjos de Deus o adorem" (Hebreus 1:6).

Jesus era plenamente Deus. "Pois foi do agrado de Deus que nele habitasse toda a plenitude" (Colossenses 1:19). Se Jesus não fosse plenamente Deus, ele não poderia ter assumido a penalidade total pelo pecado do mundo inteiro. E se ele não suportasse a pena total de pecado pelo mundo, como um homem sem pecado, não haveria um pagamento válido pelos pecados de todos e ninguém poderia ser salvo.

Jesus – plenamente Deus e totalmente homem numa só pessoa

Jesus era totalmente Deus, mas também era totalmente homem, e o era integralmente todo o tempo. O eterno Filho de Deus tomou sobre si mesmo uma natureza verdadeiramente humana. Suas naturezas divina e humana são, para sempre, distintas e conservam suas propriedades, embora estejam eterna e inseparavelmente unidas numa só pessoa.

Esse é, provavelmente, o milagre mais incrível de toda a Bíblia: o eterno Filho de Deus totalmente divino tornou-se plenamente humano e, fazendo assim, uniu-se à natureza humana para sempre. Jesus, um homem diferente de qualquer outra pessoa que o mundo viu e verá, uniu eternamente tanto o infinito quanto o finito e mudou o curso da história para sempre.

Perguntas para revisão e aplicação

1. Jesus é plenamente Deus. De quais maneiras esse fato o encoraja?

2. Jesus é totalmente homem. De quais maneiras esse fato o encoraja?

3. Reserve um momento para orar e conversar diretamente com Jesus, agradecendo-lhe por ter vindo ao mundo e se tornar totalmente homem por sua causa.

10. O que é expiação?

Antes do nascimento de Jesus, um anjo disse a seu pai terreno, José, que ele deveria chamar de Jesus o bebê no ventre de Maria, "porque ele salvará o seu povo dos seus pecados" (Mateus 1:21). Jesus salvou o seu povo de seus pecados, tanto por meio da vida que viveu quanto pela morte que sofreu. A obra que Jesus fez em sua vida e morte para obter nossa salvação é, às vezes, mencionada como expiação.

A causa da expiação

A Escritura é clara: Cristo veio para nos salvar por causa do fiel amor (ou graça) e justiça de Deus. O amor de Deus é afirmado em João 3:16: "Porque Deus tanto amou o mundo que deu o seu Filho Unigênito, para que todo o que nele crer não pereça, mas tenha a vida eterna". A justiça de Deus é confirmada quando Paulo escreve que Deus apresentou Jesus "para propiciação" (Romanos 3:25), isto é, um sacrifício que arca com a ira divina para que Deus nos olhe favoravelmente. Paulo diz que isso foi feito para demonstrar "a justiça de Deus" e também "a fim de ser justo" (Romanos 3:25-26). Em outras palavras, os pecados que Deus "passou por alto" ou não os puniu antes que Cristo viesse à Terra, tinham de ser punidos de alguma forma se Deus tivesse de ser justo. Portanto, alguém precisou assumir a punição por esses pecados, e esse alguém era Jesus. Em sua vida e morte vemos a expressão plena da justiça de Deus (o pecado é punido) e amor fiel (Deus deu seu próprio filho para suportar o castigo).

A necessidade da expiação

Embora não fosse obrigatório para Deus salvar qualquer pessoa, em seu amor ele escolheu salvar alguns. Uma vez que ele tomou essa decisão, a justiça de Deus tornou necessária para Cristo viver e sofrer a morte que suportou.

Depois que Jesus ressuscitou dentre os mortos, ele perguntou retoricamente: "Não devia o Cristo sofrer estas coisas, para entrar na sua glória?" (Lucas 24:26). Cristo sabia que não havia outro caminho para Deus nos salvar senão ele morrer em nosso lugar, e teve de sofrer e morrer por nossos pecados. Outros meios, como os sacrifícios oferecidos pelos pecados no Antigo Testamento, não tinham valor permanente, "pois é impossível que o sangue de touros e bodes tire pecados" (Hebreus 10:4). Jesus, "pelo seu próprio sangue [...] obteve eterna redenção" (Hebreus 9:12) e, assim, eliminou o pecado "mediante o sacrifício de si mesmo" (Hebreus 9:26).

A natureza da expiação

No entanto, se Cristo tivesse se oferecido apenas como um sacrifício, obtendo assim perdão dos pecados para nós, garantiríamos apenas acesso a uma salvação parcial. Embora nossa culpa fosse removida, seríamos como Adão e Eva quando foram criados: livres de culpa, mas capazes de pecar e sem um registro de obediência ao longo da vida. Para entrar em comunhão com Deus, precisamos viver uma vida de perfeita obediência.

Logo, Cristo teve de viver a experiência de uma vida de perfeita obediência a Deus para que os méritos positivos dessa obediência pudessem ser contados em nosso favor. Isso é o que Paulo quer dizer quando escreve: "por meio da obediência de um único homem muitos serão feitos justos" (Romanos 5:19). Daí Paulo não contar com sua própria justiça, mas, em vez disso, com a justiça "que vem mediante a fé em Cristo, a justiça que procede de Deus e se baseia na fé" (Filipenses 3:9). Cristo, por meio da vida imaculada que viveu, tornou-se "nossa justiça" (1Coríntios 1:30).

Jesus também teve uma vida de sofrimento. Conforme as palavras de Isaías, ele "foi desprezado e rejeitado pelos homens, um homem de tristeza e familiarizado com o sofrimento" (Isaías 53:3). Ele sofreu quando foi assaltado pelos ataques e tentações de Satanás no deserto (Mateus 4:1-11) e "suportou tal oposição dos pecadores contra si mesmo" (Hebreus 12:3). Ele ficou tremendamente sentido com a morte de seu amigo íntimo Lázaro (João 11:35). Foi com esses e outros sofrimentos que "ele aprendeu sobre obediência" (embora ele jamais tenha desobedecido) e "tornou-se a fonte de eterna salvação para todos os que lhe obedecem" (Hebreus 5:8,9).

Quando Jesus estava mais próximo de sua morte, seus sofrimentos aumentaram, e ele externou a seus discípulos alguma coisa sobre a agonia que estava experimentando ao dizer: "A minha alma está profundamente triste, numa tristeza mortal" (Mateus 26:38). Quando ele foi crucificado, sofreu uma das mais horríveis formas de morte jamais inventadas pelo homem. Embora ele não tenha necessariamente sofrido mais dor do que qualquer outro ser humano, a aflição que experimentou foi imensa.

Já crucificado, Cristo foi forçado a suportar uma morte lenta por sufocamento provocada pelo peso de seu próprio corpo. Ele estava estirado e unido à cruz por meio de pregos e seus braços suportavam a maioria do peso de seu corpo. Sua cavidade torácica era impelida para cima e para fora, tornando difícil expirar e inalar mais ar.

Para poder respirar, ele tinha de se apoiar em suas pernas, depositando todo o peso nos pregos dos pés e forçando suas mãos contra os pregos que as fixavam, produzindo assim uma dor lancinante pelos nervos de seus braços e de suas pernas. Além disso, suas costas já flageladas eram esfregadas contra a áspera cruz de madeira a cada respiração que ele tomava.

Mas a dor física não era nada em comparação com a dor espiritual. Jesus nunca pecou — ele odiava o pecado —, no entanto, voluntariamente tomou sobre si todos os pecados daqueles que um dia seriam salvos. "Ele carregou o pecado de muitos" (Isaías 53:12). Aquilo que ele odiava com todo o seu ser foi derramado sobre ele. Como nos diz Pedro: "Ele mesmo levou em seu corpo os nossos pecados sobre o madeiro, a fim de que morrêssemos para os pecados e vivêssemos para a justiça; por suas feridas vocês foram curados" (1Pedro 2:24). "Deus tornou pecado por nós aquele que não tinha pecado" (2Coríntios 5:21). Jesus se fez "maldição por nós" para nos resgatar "da maldição da lei" (Gálatas 3:13).

Jesus enfrentou tudo isso sozinho. "Então todos os discípulos o abandonaram e fugiram" (Mateus 26:56). Deus, seu pai, o abandonou. Jesus gritou: "Meu Deus! Meu Deus! Por que me abandonaste?" (Mateus 27:46), porque naquele momento ele foi separado da doce comunhão com seu Pai celestial, que sempre havia sido a fonte infalível de força interior e o elemento de maior gozo em uma vida repleta de tristezas.

Ainda mais difícil que a dor física, a angústia mental e o abandono completo foi a dor de suportar a ira total de Deus sobre si mesmo. Como Jesus levou a culpa dos nossos pecados, Deus desencadeou toda a sua ira e aplicou o castigo pelos nossos pecados sobre o seu próprio Filho. Jesus tornou-se o objeto do intenso ódio divino à transgressão e da vingança contra o pecado que Deus tinha pacientemente suportado desde o início do mundo. Cristo, necessária e voluntariamente, suportou o castigo total por nosso pecado na cruz, e, assim, por meio de sua morte, a justiça de Deus foi cumprida. Jesus aniquilou "o pecado mediante o sacrifício de si mesmo" (Hebreus 9:26).

O resultado da expiação

Cristo viveu uma vida perfeita e sem pecado, e sofreu uma morte horrível de pecador a fim de "salvar o seu povo de seus pecados" (Mateus 1:21). Ele pagou o castigo que nós merecíamos por nossos pecados, suportou a ira que merecíamos suportar, superou a separação que o nosso pecado causou entre Deus e nós e nos libertou da escravidão causada pelo pecado. Por causa da obra de Cristo em nosso favor, Deus pode nos resgatar "do domínio das trevas e nos transportou para o Reino do seu Filho amado, (Colossenses 1:13). Que grande salvação!

Perguntas para revisão e aplicação

1. Por que era necessário que Jesus viesse e vivesse uma vida perfeita na Terra?

2. Por que era necessário que Jesus morresse? Ele poderia ter nos salvado de alguma outra forma?

3. Como a compreensão da expiação produz humilhação em você? Como isso o encoraja?

11. O que é ressurreição?

A obra de Jesus na Terra não findou com sua vida e morte. Se tal houvesse acontecido, seria "inútil a nossa pregação, como também é inútil a fé que vocês têm [...] dentre todos os homens somos os mais dignos de compaixão" (1Coríntios 15:14-19). Mas Jesus ressurgiu dos mortos e ascendeu ao céu como um rei vitorioso e conquistador.

Detalhes da ressurreição

Os quatro evangelhos contêm informações da ressurreição de Jesus (Mateus 28:1-20; Marcos 16:1-8; Lucas 24:1-53; João 20:1-21:25). Ao longo do livro de Atos, os apóstolos falam continuamente da ressurreição de Jesus, incentivando as pessoas a confiarem nele como uma pessoa viva e que governa no céu. O restante do Novo Testamento depende inteiramente do pressuposto de que Jesus é um Salvador que vive, reina, e que é o líder da igreja recém-formada. Simplificando, podem-se encontrar amplas provas da ressurreição em todo o Novo Testamento.

A ressurreição de Cristo não foi um simples retorno dos mortos como outros haviam vivenciado (como Lázaro, em João 11:1-44), mas, em vez disso, quando Jesus ressuscitou da morte, ele deu início a um novo tipo de vida humana na qual possuía um corpo perfeito e não mais sujeito à fraqueza, ao envelhecimento, à morte ou à decadência. Ao ressurgir dentre os mortos, ele ostentava um corpo que viveria eternamente, pois Jesus se revestiu "de incorruptibilidade [...] de imortalidade" (1Coríntios 15:53).

O novo corpo de Jesus era um corpo físico. Quando seus discípulos o viram, "abraçaram-lhe os pés" (Mateus 28:9), e comeram e beberam com ele "depois que ressuscitou dos mortos" (Atos 10:41). Em seu novo corpo, Jesus "tomou o pão, deu graças, partiu-o e o deu a eles" (Lucas 24:30), e também convidou Tomé a tocar suas mãos e lado (João 20:27). A Bíblia é clara: Jesus ressurgiu fisicamente dos mortos com um corpo feito de "carne e ossos" (Lucas 24:49).

Resultados da ressurreição

Consequentemente, todos os que olham a Jesus para sua salvação foram regenerados "para uma esperança viva, por meio da ressurreição de Jesus Cristo dentre os mortos" (1Pedro 1:3). Isto é, Cristo obteve para nós uma nova vida futura que se mede pela sua. Embora nossos corpos ainda não estejam como seu novo corpo, nosso espírito já foi vivificado com o novo poder de ressurreição.

Esse poder nos ajuda a viver a vida para a qual fomos designados, e ele nos dá o poder de conquistar mais e mais vitórias sobre o pecado em nossa vida. Por causa da ressurreição, podemos nos considerar "mortos para o pecado" (Romanos 6:11). Embora não alcancemos a perfeição impecável nesta vida, Paulo ainda nos diz que "o pecado não [nos] dominará" (Romanos 6:14); ele não nos governará nem controlará. O poder dessa ressurreição também inclui o poder do Espírito Santo, que nos permite fazer a obra que Jesus nos ordenou (Atos 1:8).

Além disso, a ressurreição de Jesus garante nossa justa posição perante Deus. Paulo, em Romanos 4:25, diz que Jesus foi "ressuscitado para nossa justificação". Quando Deus ressuscitou Jesus dentre os mortos, estava confirmando a obra de Jesus em nosso favor. Ele estava demonstrando sua aprovação do trabalho de Jesus de sofrer e morrer por nossos pecados e afirmava que a obra de Jesus em nosso favor fora completa; a penalidade pelo pecado paga e, portanto, Jesus não precisava permanecer morto por mais tempo. Como Hebreus 1:3 nos diz: "Depois de ter realizado a purificação dos pecados, ele se assentou à direita da Majestade nas alturas". Cristo se assentou à destra de Deus porque sua obra fora completa.

Por fim, uma vez que "Deus ressuscitou o Senhor e também nos ressuscitará" (1Coríntios 6:14). E "aquele que ressuscitou ao Senhor Jesus dentre os mortos, também nos [...] apresentará com vocês" (2Coríntios 4:14). A ressurreição de Cristo significa que também experimentaremos nossa própria ressurreição. Paulo diz que na ressurreição de Jesus vemos uma imagem do que há de suceder conosco (1Coríntios 15:20). Quando Jesus retornar "todos seremos transformados" (1Coríntios 15:51); nosso corpo mortal será mudado em um corpo imortal (1Coríntios 15:53). Na ressurreição final, nossa ressurreição, receberemos um novo corpo como aquele em que agora Jesus vive.

A ascensão de Jesus

Quarenta dias após a sua ressurreição (Atos 1:3), Jesus levou seus seguidores para fora de Jerusalém e "levantou as mãos e os abençoou. Estando ainda a abençoá-los, ele os deixou e foi elevado ao céu" (Lucas 24:50-51). Quando Jesus deixou a Terra, ele a trocou por um lugar específico: o céu. Uma vez no céu, Jesus foi "exaltado à direita de Deus" (Atos 2:33). Deus "o exaltou à mais alta posição e lhe deu o nome que está acima de todo nome" (Filipenses 2:9). Após sua ascensão, Jesus recebeu glória, honra e autoridade que nunca antes haviam sido suas, como alguém que era tanto Deus como homem. Os coros angélicos então lhe cantaram louvores com as palavras: "Digno é o Cordeiro que foi morto de receber poder, riqueza, sabedoria, força, honra, glória e louvor!" (Apocalipse 5:12). Agora, à mão direita de Deus, Cristo deve reinar "até que todos os seus inimigos sejam postos debaixo de seus pés" (1Coríntios 15:25).

A vida de Cristo estabelece um padrão existencial para nos orientar. Assim como a sua ressurreição permite saber o que eventualmente nos acontecerá, sua ascensão nos permite conhecer aonde vamos finalmente. Então, esperamos "com grande expectativa" (Romanos 8:19) o retorno de Cristo, quando seremos levados deste planeta para um novo e glorioso mundo. Assim, com nossos novos corpos perfeitos, viveremos para sempre em nosso novo e perfeito mundo.

Perguntas para revisão e aplicação

1. Por que é importante que Jesus tenha ressuscitado da morte? Como teria sido sua vida se ele não houvesse ressurgido dos mortos?

2. Quais são alguns resultados da ressurreição de Cristo dentre os mortos em sua vida e na de todo o mundo?

3. O que, na ressurreição de Jesus, faz você ansiar por sua própria ressurreição?

12. O que é eleição?

Tem havido muita controvérsia dentro e fora da igreja sobre a doutrina da eleição (às vezes também chamada "predestinação"). Podemos definir eleição da seguinte forma: a eleição é um ato de Deus antes da criação, na qual ele escolhe algumas pessoas para serem salvas, não por causa de qualquer mérito delas, mas apenas por causa de seu soberano e bom deleite. Muitos pensam que essa doutrina, definida dessa maneira, é preocupante e injusta. Antes de chegar a conclusões, no entanto, é importante ver de onde procede essa definição e, portanto, essa doutrina.

Ensinamentos sobre a eleição do Novo Testamento

Várias passagens no Novo Testamento parecem afirmar com bastante clareza que Deus ordenou de antemão aqueles que seriam salvos. Por exemplo, quando Paulo e Barnabé começaram a pregar aos gentios em Antioquia da Pisídia, Lucas escreve: "Ouvindo isso, os gentios alegraram-se e bendisseram a palavra do Senhor; e creram todos os que haviam sido designados para a vida eterna" (Atos 13:48).

Uma das razões pelas quais Lucas diz, quase que de passagem, que muitos foram "escolhidos para a vida eterna" é que ele entendeu a verdade que Paulo posteriormente expressaria em Efésios 1:4-6: "Deus nos escolheu nele [Cristo] antes da criação do mundo, para sermos santos e irrepreensíveis em sua presença. Em amor nos predestinou para sermos adotados como filhos por meio de Jesus Cristo, conforme o bom propósito da sua vontade, para o louvor da sua gloriosa graça". Mais adiante Paulo acrescenta: "A fim de que nós, os que primeiro esperamos em Cristo", vivamos "para o louvor da sua glória" (Efésios 1:12).

Deus nos salvou e chamou para si não por nossa bondade, mas por causa de seu propósito e da graça imerecida na eternidade passada. Paulo diz que Deus é o único "que nos salvou e nos chamou com uma santa vocação, não em virtude das nossas obras, mas por causa da sua própria determinação e graça, a qual nos foi dada em Cristo Jesus desde os tempos eternos" (2Timóteo 1:9).

A visão de João em Apocalipse nos diz que a salvação individual — nessa passagem referida àqueles que têm nomes escritos no livro da vida — foi determinada "desde a fundação do mundo" (Apocalipse 17:8).

O que isso significa

É importante notar que os autores do Novo Testamento costumam apresentar a doutrina da eleição como um consolo para todos os que creem em Jesus. Por exemplo, Paulo diz que Deus atuou e sempre atuará para o bem daqueles a quem ele chamou: "Sabemos que Deus age em todas as coisas para o bem daqueles que o amam, dos que foram chamados de acordo com o seu propósito" (Romanos 8:28).

Mas como Paulo poderia saber disso? Ele dá o motivo nos próximos dois versículos e pode dizer isso porque, quando olhava para o distante passado, antes da criação do mundo, ele viu que Deus "conheceu" e "predestinou" seu povo para serem "conformes à imagem de seu Filho" (Romanos 8:29). Então, quando o apóstolo olha para o passado recente, vê que os que Deus "predestinou, também chamou; aos que chamou, também justificou; aos que justificou também glorificou" (Romanos 8:30). E quanto a quem ele chamou, também justificou"(Romanos 8:30). E quando ele contempla o futuro, vê que os que Deus "justificou, também glorificou" (Romanos 8:30) no sentido de que Deus já determinou que ele, algum dia, dará corpos perfeitos e glorificados àqueles que creram em Cristo. Da eternidade em eternidade Deus tem atuado e atuará com o bem de seu povo em mente. A eleição é, portanto, a causa de conforto e segurança de que Deus opera para o nosso bem hoje, e isso tudo acontecerá "não em virtude das nossas obras, mas por causa da sua própria determinação e graça, a qual nos foi dada em Cristo Jesus desde os tempos eternos" (2Timóteo 1:9).

Uma resposta natural à obra de Deus em nosso favor é que deveríamos viver "para o louvor da sua glória" (Efésios 1:12). Podemos, como Paulo, dar graças a Deus por aqueles que ele escolheu (1Tessalonicenses 1:2-4), sabendo que Deus é o único responsável por sua salvação e todas as coisas boas que a acompanham. Na verdade, Paulo diz que estamos obrigados a dar graças a Deus por uma salvação tão grande (1Tessalonicenses 2:13). Cantar louvores a Deus pela salvação não deixa espaço para entoar nossos próprios louvores, porque a salvação não é nossa obra, mas um dom de Deus (Efésios 2:8-9).

Todavia, essa verdade não deve nos levar a pensar que nosso trabalho de evangelização é sem importância! Quando Deus escolhe as pessoas para serem salvas, ele realiza isso mediante meios humanos — eis por que Paulo trabalhou tão duro para pregar o evangelho. Ele disse: "Por isso, tudo suporto por causa dos eleitos, para que também eles alcancem a salvação que está em Cristo Jesus, com glória eterna" (2Timóteo 2:10). Ele sabia que Deus escolheu algumas pessoas para serem salvas e viu isso como um estímulo — não motivo de desânimo — para pregar o evangelho, mesmo que isso significasse grande e duradouro sofrimento. A eleição era a garantia de Paulo de que haveria algum sucesso em sua evangelização, pois tinha consciência de que algumas pessoas a quem ele pregava seriam os eleitos e que eles creriam no evangelho e seriam salvos. É como se alguém convidasse Paulo para pescar e dissesse: "Eu lhe garanto que você fisgará alguns peixes, pois eles estão famintos e esperando".

O que isso não significa

Afirmar que a doutrina da eleição não significa que nossas escolhas não importam e nossas ações não têm consequências. Nem tal doutrina exige que afirmemos um universo impessoal, inflexível, controlado por uma força impessoal e inflexível.

O Novo Testamento apresenta toda a obra de salvação como algo suscitado por um Deus pessoal profundamente apaixonado por criaturas pessoais. "Em amor nos predestinou para sermos adotados como filhos por meio de Jesus Cristo" (Efésios 1:5). O ato eletivo de Deus está permeado de amor pessoal por aqueles a quem ele escolheu (ver João 3:16 e Romanos 8:28).

Além disso, a Escritura nos vê continuamente como criaturas pessoais que fazem escolhas voluntárias para aceitar ou rejeitar o evangelho. Por exemplo, isso é notado claramente no convite no final do Apocalipse: "O Espírito e a noiva dizem: 'Vem!' E todo aquele que ouvir diga: 'Vem!' Quem tiver sede, venha; e quem quiser, beba de graça da água da vida" (Apocalipse 22:17). Esse convite e muitos outros semelhantes (ver Mateus 11:28) são dirigidos a pessoas verdadeiramente capazes de ouvir o convite e responder a ele mediante decisão pessoal. Essas decisões reais têm consequências eternas, como nos é mostrado em João 3:18: "Quem nele crê não é condenado, mas quem não crê já está condenado, por não crer no nome do Filho Unigênito de Deus".

Conquanto uma compreensão adequada da eleição dê valor real a nossas decisões e escolhas, isso não significa que a decisão de Deus foi baseada em nossas opções. Quando Deus escolheu os indivíduos "antes da fundação do mundo" (Efésios 1:4), ele não o fez porque previu sua fé ou alguma decisão que fariam. Paulo afirma isso em Romanos 8:29 quando escreve: "Pois aqueles que de antemão conheceu, também os predestinou". Quando o apóstolo fala sobre a presciência de Deus, está pensando em Deus como conhecendo pessoas ("aqueles que"). Deus "antes conhece" esses indivíduos no contexto de uma relação de salvação com eles, o que é diferente de falar sobre conhecimento prévio das ações ou decisões de um indivíduo, como a escolha de crer.

Na verdade, as Escrituras nunca falam de fé (presente ou futura) como a razão pela qual Deus escolheu alguém. Em Efésios 1:4-6, Paulo diz: "Em amor nos predestinou para sermos adotados como filhos por meio de Jesus Cristo, conforme o bom propósito da sua vontade, para o louvor da sua gloriosa graça". Se a eleição fosse, em última instância, baseada em nossa decisão, ela diminuiria a capacidade do amor de Deus, rebaixaria sua graça (pois haveria algum mérito de nossa parte) e reduziria a glória que lhe é devida por nossa salvação.

Estamos realmente livres?

Muitos acreditam que, se a doutrina da eleição for verdadeira, então não somos realmente livres. A dificuldade em pensar dessa maneira está em que muitas definições e suposições diferentes envolvem a palavra "livre", e essas diferenças facilmente conduzem à má compreensão e desacordo. Nesse caso seria útil usar um termo que não seja "livre" para a comunicação mais cuidadosa do que queremos dizer. Por exemplo, a Bíblia apela centenas de vezes a nossa capacidade de fazer escolhas voluntárias ou tomar decisões voluntárias (ver os versículos anteriores sobre nossa "escolha voluntária" e também todos os mandamentos bíblicos que nos pedem para responder e obedecer).

Não somos obrigados a fazer escolhas contrárias a nossa própria vontade. Definitivamente, fazemos o que desejamos fazer. Realizar escolhas faz parte do que significa ser um ente humano criado à imagem de Deus, porque imitamos a própria atividade de Deus de decidir fazer coisas coerentes com seu caráter.

Mas isso significa que Deus não teve nada a ver com nossas escolhas? Queremos insistir na ideia de que Deus, nosso Criador infinitamente poderoso e sábio, não pode influenciar e moldar, formar nosso coração e nossos desejos de acordo com seu plano? Na verdade, se Deus trabalha por meio de nossas escolhas e de nossos desejos para realizar seus planos, isso preserva nossa capacidade de escolher espontaneamente, ao mesmo tempo que garante que nossas escolhas estarão em harmonia com o que Deus decidiu e ordenou que aconteceria.

Portanto, se respondermos de forma positiva ao convite de Cristo, podemos honestamente dizer que escolhemos responder a ele, ao mesmo tempo que dizemos que isso foi (de maneira que não podemos entender completamente) ordenado por Deus. E se não pudermos entender completamente como essas duas coisas podem ser verdadeiras concomitantemente, então devemos reconhecer que aqui existe um mistério. Ainda que neste tempo não compreendamos completamente esse mistério, devemos pelo menos ter certeza de que falamos do modo como a Bíblia fala sobre o assunto em todos os aspectos do seu ensino.

Além disso, Deus também nos criou para que nossas escolhas fossem reais. No entanto, elas não precisam ser absolutamente livres de qualquer envolvimento divino para serem reais, voluntárias e espontâneas. Para dar outro exemplo, enquanto fazemos a escolha para respirar muitas vezes todos os dias, Deus, como nosso Criador e Sustentador, está envolvido profundamente conosco nessa decisão, pois Deus "faz todas as coisas segundo o propósito da sua vontade" (Efésios 1:11), e Cristo continuamente sustenta "todas as coisas por sua palavra poderosa" (Hebreus 1:3).

E quanto àqueles que não acreditam, a quem Deus não elegeu ou escolheu? A Bíblia nunca culpa a Deus pela rejeição que alguém faz aos reclamos de Cristo. A ênfase está sempre nas escolhas espontâneas daqueles que se recusam a crer; a culpa por sua incredulidade recai sobre eles. Como Jesus disse em João 8:43-44: "Por que não entendeis a minha linguagem? Por não poderdes ouvir a minha palavra. Vós tendes por pai ao diabo, e quereis satisfazer os desejos de vosso pai". Para alguns que o rejeitaram antes, Jesus disse: "E não quereis vir a mim para terdes vida" (João 5:40), e Paulo, em Romanos 1:20, diz que todos os que rejeitam a clara revelação de Deus dada a toda a humanidade estão "sem desculpa". Esse é um padrão coerente na Escritura: as pessoas que permanecem na incredulidade fazem isso porque não estão dispostas a vir a Deus, e a culpa por tal incredulidade sempre jaz com os próprios descrentes, e nunca com Deus. Mais uma vez, provavelmente não seremos capazes de entender hoje exatamente como isso acontece.

Deus é realmente justo?

Nesse ponto, algumas pessoas vão contestar que, se a doutrina da eleição é verdadeira, então Deus não é realmente justo. Uma vez que ele escolhe alguns para serem salvos e rejeita outros, decidindo não salvá-los, sua graça é concedida de maneira bastante injusta.

É importante entender o que é "justo" com relação à salvação. Na verdade, seria perfeitamente justo para Deus não salvar qualquer ser humano que pecou e se rebelou contra ele, assim como fez com os anjos decaídos: "Deus não perdoou aos anjos que pecaram, mas, havendo-os lançado no inferno, os entregou às cadeias da escuridão, ficando reservados para o juízo" (2Pedro 2:4). Mas se ele salva qualquer ser humano, então essa é uma demonstração de graça que vai muito além dos requisitos de justiça e retidão. Se Deus salvasse apenas cinco pessoas de toda a espécie humana, isso seria misericórdia e graça; se ele salvou uma centena, isso seria incrível misericórdia. Mas, de fato, ele decidiu salvar "uma multidão, a qual ninguém podia contar, de todas as nações, e tribos, e povos, e línguas" (Apocalipse 7:9), isso seria misericórdia além de nossa compreensão.

Paulo levanta essa questão em um nível mais profundo em Romanos 9. Depois de dizer que Deus "tem misericórdia de quem ele quer, e endurece a quem ele quer" (Romanos 9:18), Paulo escreve: "Mas algum de vocês me dirá: Então, por que Deus ainda nos culpa? Pois, quem resiste à sua vontade?" (Romanos 9:19). Em suma, Paulo está dando voz a uma questão muito comum: se o destino final de cada pessoa é determinado por Deus, então como pode isso ser justo? Mesmo quando a pessoa faz escolhas espontâneas, determinando se ele será salvo ou não, se Deus está, de algum modo, por trás dessas escolhas, então como pode ele ser justo?

Eis o que Paulo diz: "Mas quem é você, ó homem, para questionar a Deus? Acaso aquilo que é formado pode dizer ao que o formou: Por que me fizeste assim? O oleiro não tem direito de fazer do mesmo barro um vaso para fins nobres e outro para uso desonroso? E se Deus, querendo mostrar a sua ira e tornar conhecido o seu poder, suportou com grande paciência os vasos de sua ira, preparados para destruição? Que dizer, se ele fez isto para tornar conhecidas as riquezas de sua glória aos vasos de sua misericórdia, que preparou de antemão para glória, ou seja, a nós, a quem também chamou, não apenas dentre os judeus, mas também dentre os gentios?" (Romanos 9:20-24).

Paulo está basicamente dizendo que existe um ponto além do qual não podemos responder de volta a Deus ou questionar sua justiça. Deus fez o que fez de acordo com sua vontade soberana. Ele é o Criador; nós somos criaturas, e, em última análise, não temos base para acusá-lo de injustiça ou deslealdade. Nossa resposta a essas palavras de Romanos revela muito sobre nosso coração e nossa vontade de nos submetermos a nosso Criador soberano.

Deus quer que todos sejam salvos?

Se a eleição for verdadeira, então Deus ainda quer que todos sejam salvos? Sim, de acordo com determinadas passagens das Escrituras. Em 1Timóteo 2:4, Paulo escreve sobre nosso Deus e Salvador "que deseja que todos os homens sejam salvos e cheguem ao conhecimento da verdade" Pedro diz a mesma coisa em 2Pedro 3:9, quando escreve que o Senhor "é paciente com vocês, não querendo que ninguém pereça, mas que todos cheguem ao arrependimento".

Enquanto muitas pessoas não concordarem com a interpretação desses versículos, a maioria haverá de convir na reflexão de que existem algumas coisas que Deus deseja mais do que outras. Muitas vezes, as pessoas que não concordam com a doutrina da eleição vão dizer com base nesses versículos e em outros que Deus deseja preservar a vontade livre do homem mais do que ele deseja salvar cada pessoa. Mas pessoas que apoiam a doutrina da eleição vão dizer que Deus deseja suplementar sua glória mais do que salvar cada pessoa, e que passagens como Romanos 9 indicam que sua glória é promovida salvando algumas pessoas, mas não todas. (Cristãos de ambos os lados do debate concordam que nem todos serão salvos.)

Como, então, ambos os lados podem dizer que Deus deseja que todos sejam salvos de acordo com versículos como 1Timóteo 2:4 e 2Pedro 3:9? Esses versículos nos dizem o que Deus ordena que as pessoas façam e quais ações o agradam (a saber, arrependimento é fé em Cristo). Nesse sentido, ele realmente "deseja" e "quer" que cada pessoa seja salva, o que algumas vezes é chamado de vontade "revelada", aquilo que ele diz que todos os habitantes da Terra deveriam fazer. Mas tais versículos não estão falando sobre os planos secretos e ocultos desde toda a eternidade em escolher algumas pessoas para serem salvas.

O fato de que nem todos serão salvos é uma das mais difíceis doutrinas das Escrituras a serem consideradas. A Bíblia mostra que mesmo Deus tem grande tristeza quando pensa naqueles que não serão salvos. "Juro pela minha vida, palavra do Soberano Senhor, que não tenho prazer na morte dos ímpios, antes tenho prazer em que eles se desviem dos seus caminhos e vivam. Voltem! Voltem-se dos seus maus caminhos! Por que iriam morrer, ó nação de Israel?" (Ezequiel 33:11). Quando Jesus pensou nas pessoas que o rejeitaram em Jerusalém, "chorou sobre ela" (Lucas 19:41) e disse: "Jerusalém, Jerusalém, você, que mata os profetas e apedreja os que lhe são enviados! Quantas vezes eu quis reunir os seus filhos, como a galinha reúne os seus pintinhos debaixo das suas asas, mas vocês não quiseram" (Mateus 23:37). E o apóstolo Paulo diz: "Tenho grande tristeza e constante angústia em meu coração" (Romanos 9:2), quando ele pensava em seus irmãos e irmãs judeus que haviam rejeitado a Cristo. O amor que Deus nos dá por nossos semelhantes e o amor que ele nos ordena ter por nosso próximo produz-nos tristeza quando entendemos que nem todos serão salvos. Todavia, a punição dos pecadores é uma decorrência da justiça de Deus e não deveríamos pensar que isso é errado.

Além disso, Deus concede a todos os seres humanos incontáveis bênçãos nesta vida, que não fazem parte da salvação. Essa doutrina é, às vezes, chamada de "graça comum" porque se refere a uma manifestação da graça de Deus que é comum a todas as pessoas e diferente da graça salvadora.

Graça comum

Quando algum de nós comete pecado, merecemos uma coisa: separação eterna de Deus. Merecemos ser apartados de experimentar qualquer bem de Deus e viver para sempre no inferno, recebendo eternamente apenas sua ira. Como Romanos 6:23 diz: "Pois o salário do pecado é a morte". Mas a punição pelo pecado não é imediatamente sentida. Em vez disso, toda a humanidade, independentemente de receber a graça de Deus ou seus juízos, continuará a ser alvo de muitas bênçãos enquanto estiver na Terra.

Às vezes, essas bênçãos serão físicas. Jesus diz, em Mateus 5:45, que Deus "faz raiar o seu sol sobre maus e bons e derrama chuva sobre justos e injustos". O Criador do Universo espera que todas as pessoas, aqueles que creem em Jesus e aqueles que rejeitaram suas reivindicações, recebam da abundância da terra.

A graça de Deus também é vista no domínio intelectual. Ainda que Satanás seja "mentiroso e pai da mentira" e não haja verdade nele (João 8:44), mesmo aqueles que rejeitam as reivindicações de Jesus não estão totalmente entregues à falsidade e irracionalidade. Em vez disso, muitos que abertamente rejeitaram o Senhor têm realizado incríveis descobertas e invenções. Eles fizeram isso sem saber que foram iluminados por Jesus, "a verdadeira luz, que ilumina todos os homens" (João 1:9). Quando nos beneficiamos desses avanços, estamos, por fim, desfrutando da graça comum de Deus.

Essa graça comum é vista em muitas outras áreas da vida: o domínio moral (as pessoas não são tão más quanto poderiam), o domínio da criatividade (podemos produzir e apreciar muitos tipos diferentes de coisas boas e belas), o domínio da sociedade (muitas comunidades, instituições e governos protegem e tomam providências em favor de seus membros e eleitores), e até mesmo o domínio religioso (Jesus diz a seus seguidores em Mateus 5:44 para orarem por seus perseguidores, mostrando que Deus responde a muitas orações feitas em benefício dos incrédulos).

A despeito de a graça comum não salvar pessoas, o adiamento do julgamento divino permite que muitos obtenham salvação: "O Senhor não demora em cumprir a sua promessa, como julgam alguns. Pelo contrário, ele é paciente com vocês, não querendo que ninguém pereça, mas que todos cheguem ao arrependimento" (2Pedro 3:9). Essa graça comum já demonstra uma grande medida da bondade e misericórdia de Deus para com toda a humanidade. Seu contínuo derramamento de bênçãos sobre todas as pessoas vai revelá-lo como justo apenas no dia do julgamento, quando ele finalmente punirá aqueles que o rejeitaram. Por fim, como em todas as coisas, a concessão da graça divina comum a todas as pessoas demonstra sua glória por meio da imitação de seu caráter em suas muitas atividades.

Portanto, podemos apreciar e desfrutar da manifestação da graça de Deus por intermédio de todas as pessoas, reconhecendo que, em última instância, o Senhor merece o louvor e glória por essas bênçãos.

É tudo graça

A doutrina da eleição nos demonstra que Deus nos amou não por quem somos ou pelo que fizemos ou faremos, mas simplesmente porque ele decidiu nos amar. Portanto, nossa resposta adequada a Deus é dar-lhe louvor por toda a eternidade. Nossa resposta adequada aos outros é em humildade, uma vez que, individualmente, não temos nenhuma reivindicação sobre qualquer parte da graça de Deus; tudo é dom dele.

Perguntas para revisão e aplicação

1. Como sua compreensão da doutrina da eleição lhe traz regozijo? O que o incomoda acerca disso?

2. À luz da doutrina da eleição, de que maneiras nossas escolhas têm significado?

3. Você pode citar algumas formas específicas nas quais, recentemente, Deus abençoou sua criação por meio da graça comum? Reserve um momento para orar, agradecendo a Deus pelos exemplos específicos da graça que ele concedeu a todas as pessoas.

13. O que significa ser um cristão?

Paulo estabelece uma ordem na qual as bênçãos da salvação advêm aos cristãos, quando escreve em Romanos 8:30: "E aos que predestinou, também chamou; aos que chamou, também justificou; aos que justificou, também glorificou". Tratamos da predestinação no capítulo anterior; agora, nos quatro capítulos seguintes, discutiremos os outros aspectos desse versículo.

Chamada efetiva

A chamada a que Paulo se refere em Romanos 8:30 não é o tipo de "convocação" a que as pessoas se referem para dar o motivo pelo qual escolheram uma profissão em vez de outra, ou optaram por se tornar membros de uma certa igreja. Em vez disso, essa convocação está relacionada àqueles que foram "predestinados" e se tornaram "justificados". Ou seja, um chamado que veio especificamente a todos os que são crentes em Jesus.

Esse tipo de convocação é feito por parte do Rei do Universo; ela não pode ser negada e produz a desejada resposta no coração das pessoas. Esse chamado é um ato de Deus Pai, falando por meio da proclamação humana do evangelho, na qual ele convoca as pessoas a si mesmo de tal forma que respondam mediante fé salvífica, proclamação esta por vezes denominada *chamada efetiva*.

Quando Deus chama as pessoas dessa forma poderosa, ele o faz desde as "trevas para sua maravilhosa luz maravilhosa" (1Pedro 2:9); ele as chama "para a comunhão de seu Filho" (1Coríntios 1:9, ver também Atos 2:39) e "para o seu reino e glória" (1Tessalonicenses 2:12; ver também 1Pedro 5:10; 2Pedro 1:3). As pessoas que foram chamadas por Deus "pertencem a Jesus Cristo" (Romanos 1:6); são chamadas para "ser santas" (Romanos 1:7; 1Coríntios 1:2) e entraram no domínio da paz (1Coríntios 7:15; Colossenses 3:15), da liberdade (Gálatas 5:13), da esperança (Efésios 1:18; 4:4), da santidade (1Tessalonicenses 4:7), da paciência no sofrimento (1Pedro 2:20-21; 3:9) e da vida eterna (1Timóteo 6:12).

Chamada geral e chamada evangélica

Mas há um sentido mais amplo de "chamada", que se refere a toda pregação do evangelho a qualquer um, quer responda, quer não. Diferentemente de uma chamada efetiva, que sempre produz resposta, podemos falar sobre o "evangelho" em geral, que é apresentado a todas as pessoas e que, às vezes, é referido como *chamada externa* ou *chamada geral*.

A convocação do evangelho passa por sua pregação humana. Paulo deixa isso bem claro em 2Tessalonicenses 2:14, quando escreve aos cristãos que seu chamado por Deus veio por intermédio de "nosso evangelho", isto é, o evangelho que Paulo e outros lhes pregavam. Eis porque é importante que proclamemos corajosamente a mensagem do evangelho, confiando que Deus, por meio de sua chamada efetiva, fará o que fez com Lídia em Atos 16:14: "O Senhor abriu seu coração para atender à mensagem de Paulo".

Nem todas as chamadas do evangelho são eficazes. O trabalho dos cristãos é explicar a mensagem do evangelho; é trabalho de Deus tornar efetiva essa mensagem ou chamada.

Elementos da chamada do evangelho

Existem três elementos-chave que devem fazer parte de cada chamada evangélica: uma explicação dos fatos relativos à salvação; um convite para responder pessoalmente a Cristo em arrependimento e fé; e uma promessa de perdão e vida eterna.

Os fatos relativos à salvação são basicamente estes:

- Todas as pessoas pecaram (Romanos 3:23).
- A penalidade por nosso pecado é a morte (Romanos 6:23).
- Jesus Cristo morreu para pagar a penalidade por nossos pecados (Romanos 5:8).

Mas declarar simplesmente esses fatos não é suficiente. Deve haver um convite ao arrependimento e deve-se crer nessa boa-nova. Tal convite, originalmente feito por Jesus há muitos anos e encontrado em Mateus 11:28-30, ainda deve ser ouvido como se Jesus estivesse falando a você hoje: "Venham a mim, todos os que estão cansados e sobrecarregados, e eu lhes darei descanso. Tomem sobre vocês o meu jugo e aprendam de mim, pois sou manso e humilde de coração, e vocês encontrarão descanso para as suas almas. Pois o meu jugo é suave e o meu fardo é leve".

Para aqueles que respondem com fé ao evangelho, Deus promete que seus pecados serão perdoados e que eles desfrutarão vida eterna com Deus. "Porque Deus tanto amou o mundo que deu o seu Filho Unigênito, para que todo o que nele crer não pereça, mas tenha a vida eterna" (João 3:16). Como Jesus disse em João 6:37: "Quem vier a mim eu jamais rejeitarei".

Como a chamada é recebida

Depois que o convite para responder ao evangelho é feito, Deus deve realizar uma mudança no coração do indivíduo antes que ele seja capaz de responder em fé. Essa mudança, um ato secreto de Deus pelo qual ele nos comunica nova vida espiritual, é às vezes chamado de regeneração, na qual não desempenhamos nenhum papel; ela é totalmente um ato divino.

Tal transformação de coração é descrita em Ezequiel 36:26: "Darei a vocês um coração novo e porei um espírito novo em vocês; tirarei de vocês o coração de pedra e lhes darei um coração de carne". Esse evento instantâneo muda tudo. Uma vez que ele aconteça, os destinatários são, nas palavras de 2Coríntios 5:17, uma "nova criação. As coisas antigas já passaram; eis que surgiram coisas novas!" Essa mudança, embora nem sempre seja imediatamente percebida, resulta em um coração transformado que produz um caráter transformado e uma vida transformada. Todos os setores da vida são mudados, e um indivíduo regenerado deve manifestar um novo amor por Deus e seu povo (Mateus 22:37-40), uma sincera obediência a seus mandamentos (João 14:15) e um caráter com traços semelhantes aos de Cristo, a que Paulo chama de fruto do Espírito (Gálatas 5:22-23).

Como a chamada é respondida

Uma vez que Deus tenha convocado por meio de uma chamada efetiva e transformado o coração da pessoa por intermédio da regeneração, a resposta necessária é o arrependimento e a fé. Mas, como a chamada do evangelho é pessoal, requer uma resposta pessoal. Essa resposta espontânea, pessoal, individual à chamada do evangelho, na qual uma pessoa se arrepende sinceramente de seus pecados e põe a confiança em Cristo para a salvação, é designada como conversão.

Simplesmente saber e afirmar os fatos da salvação conforme declarado anteriormente, não é suficiente. A verdadeira fé salvadora, ainda que inclua conhecimento (conhecer os fatos da salvação) e aprovação (concordar que os fatos são verdadeiros), também requer confiança; portanto, alguém que tenha a verdadeira fé na salvação parou de desconfiar das afirmações de Jesus e passou a acreditar que essas afirmações são verdadeiras, e por acreditar que são verdadeiras, passou a confiar no poder de Jesus para perdoar os pecados e garantir a vida eterna com Deus.

Se eu tenho uma verdadeira fé salvadora, não creio mais simplesmente em fatos sobre Jesus; em vez disso, confio pessoalmente em Jesus para me salvar. A Bíblia usa uma linguagem intensa para descrever essa confiança pessoal: não apenas há que se "crer em Jesus" (isto é, acreditar que o que ele diz é verdadeiro), mas "crer nele" (isto é, confiar nele e depender dele): "Porque Deus tanto amou o mundo que deu o seu Filho Unigênito, para que todo o que nele crer não pereça, mas tenha a vida eterna" (João 3:16).

Essa confiança envolve dois aspectos: arrependimento e fé. Paulo pregava um evangelho de "arrependimento e fé em nosso Senhor Jesus" (Atos 20:21). O autor de Hebreus diz que os dois primeiros elementos do ensino cristão fundamental são "arrependimento de atos que conduzem à morte, da fé em Deus" (Hebreus 6:1). Arrependimento significa uma decisão consciente de se afastar de seus pecados, e a fé significa voltar-se para Cristo para perdão desses pecados. Esse tipo de fé é a admissão de que você não pode salvar a si mesmo e, ao mesmo tempo, crer que Cristo pode fazê-lo.

Arrependimento e a fé são realmente dois lados da mesma moeda, pois, quando eu renuncio e abandono verdadeiramente meu pecado, então me volto em fé para Cristo, confiando somente nele para minha salvação. E esse arrependimento e fé iniciais proveem um padrão para continuadas atitudes íntimas de arrependimento e fé que prosseguem pelo resto da vida do cristão. Como Paulo escreve em Colossenses 2:6: "Portanto, assim como vocês receberam a Cristo Jesus, o Senhor, continuem a viver nele".

Perguntas para revisão e aplicação

1. Como alguém se torna um cristão?

2. Você pode explicar o que significa realmente crer em Jesus? O que significa realmente se arrepender dos pecados?

3. De que maneiras os cristãos podem dar provas de sua fé em Jesus?

14. O que são justificação e adoção?

Paulo escreve em Romanos 8:30 que, aqueles a quem Deus chamou, "ele também justificou" — discutimos o "chamado" no capítulo anterior. Neste capítulo, vamos discutir o que Deus faz depois de efetivamente chamar alguém e após essa pessoa responder positivamente em arrependimento e fé salvadora a seu chamado.

Justificação é uma declaração legal de Deus

Quando alguém atende ao chamado de Deus em arrependimento e fé, o Senhor responde essa fé ao considerar perdoados os pecados dessa pessoa e atribuir a ela a justiça de Cristo como pertencente a ela. Nesse preciso momento, Deus também declara que essa pessoa é justa a sua vista. Esse ato de Deus é chamado de "justificação", que é um ato legal instantâneo de Deus, no qual ele (1) considera nossos pecados como perdoados e atribui a justiça de Cristo como nos pertencendo e, portanto, (2) nos considera "justos" e moralmente retos a sua vista.

Paulo deixa claro que essa justificação vem depois de respondermos ao chamado do evangelho pela fé, e o ato justificatório divino é sua resposta a nossa fé. Em Romanos 3:26, Paulo escreve que Deus é "justo e justificador daquele que tem fé em Jesus", e em Romanos 5:1 diz que somos "justificados pela fé". Em Gálatas 2:16 ele escreve: "Sabemos que ninguém é justificado pela prática da lei, mas mediante a fé em Jesus Cristo". Esses versículos mostram claramente que a justificação é pela fé.

(Quando Tiago 2:21 diz que uma pessoa é "justificada por obras", ele não está contradizendo Paulo, mas sim usando "justificado" em um sentido diferente, não significando "declarado justo por Deus", mas "mostrado como justo diante de outras pessoas", como é evidente do contexto de Tiago 2:18-26, onde ele fala sobre evidência exterior da fé de uma pessoa.)

A declaração de que somos justos diante de Deus

A justificação é uma declaração legal da parte de Deus; é Deus agindo como juiz, declarando que um indivíduo é justo a sua vista. Se Deus o declara justo a sua vista, você não precisa pagar a penalidade por seus pecados passados, presentes ou futuros. Como Paulo escreve em Romanos 8:1: "Portanto, agora já não há condenação para os que estão em Cristo Jesus". Posteriormente, em Romanos 8:33, Paulo deixa claro que ninguém pode intentar uma acusação contra os eleitos de Deus ou condená-los. Aqueles a quem Deus justificou obtêm pleno perdão de seus pecados.

Os pecados desses justificados são tidos por perdoados porque Deus os considera pertencentes a Cristo, e Cristo já pagou a penalidade por eles. E Deus não apenas considera esses pecados pertencentes a Cristo, como também os méritos de Cristo como pertencentes a nós. Cristo tomou o lugar de culpa que todos merecemos, para que pudéssemos assumir o lugar de aceitação que todos desejamos. Como está escrito em 2Coríntios 5:21: "Deus tornou pecado por nós aquele que não tinha pecado, para que nele nos tornássemos justiça de Deus". Por causa da obra de Cristo em nosso favor, Deus pode, por meio da justificação, considerar nossos pecados completamente perdoados e nos ter como plenamente aceitáveis e justos a sua vista.

Justificação pela fé somente

Paulo explica que as pessoas são "justificadas" gratuitamente "por meio da redenção que há em Cristo Jesus" (Romanos 3:24). Em Efésios 2:8-9, Paulo deixa bem claro o caso quando escreve: "Pois vocês são salvos pela graça, por meio da fé, e isto não vem de vocês, é dom de Deus; não por obras, para que ninguém se glorie". Justificação advém como resultado da graça de Deus (o que significa que não a merecemos), e como resposta divina a nossa fé (o que é oposto à dependência de nós mesmos ou de nossas boas obras).

Embora a justificação ocorra como ato de Deus em resposta a nossa fé, não significa que nossa fé tenha algum mérito diante de Deus. Em outras palavras, isso não é nossa fé que gera o favor de Deus. A Escritura é clara: a justificação se baseia unicamente nos méritos da obra de Cristo (ver Romanos 3:24); nunca em nenhum merecimento provindo de nossa fé. Essas, realmente, são novas maravilhosas, porque isso significa que não precisamos criar valores ou fazer pagamento de pecados por nós mesmos. Podemos olhar para Deus, através de Cristo, a fim de que ele livremente nos dê aquilo que sabemos não lhe poder dar.

A doutrina da justificação foi a diferença central entre protestantes e católicos romanos na época da Reforma, que começou com Martinho Lutero em Wittenberg, Alemanha, no ano de 1517. Lutero e outros protestantes que vieram depois dele insistiam que a justificação era pela "fé somente", ao passo que os católicos romanos respondiam que a justificação foi pela fé mais o uso dos "meios de graça" encontrados nos sacramentos da igreja (como o batismo, a crisma, a eucaristia ou a Ceia do Senhor apresentada na missa e também a penitência).

A doutrina protestante da justificação diz que somos totalmente justificados por Deus no instante em que cremos, pois "agora já não há condenação para os que estão em Cristo Jesus" (Romanos 8:1).

A doutrina católica romana diz que não somos plenamente justificados até que nossa vida seja completamente purificada do pecado, o que não ocorrerá senão depois que morremos e formos purificados no purgatório (os protestantes dizem que não existe purgatório). Essas diferenças entre protestantes e católicos romanos sobre justificação continuam até hoje.

Adoção: filiação em uma nova família

Além da justificação, há outro privilégio dado aos que olham para Deus para a salvação: ele nos torna membros de sua família — esse ato divino é chamado de adoção.

Em João 1:12, somos informados de que todos os que aceitaram a Cristo, àqueles que "creram em seu nome, deu-lhes o direito de se tornarem filhos de Deus". Esse não é um privilégio de todos; Paulo diz em Efésios 2:2-3 que aqueles que não creem em Cristo são "filhos da desobediência" e "filhos da ira".

Pelo fato de os cristãos serem considerados filhos de Deus, experimentamos muitos dos benefícios da adoção. Como filhos de Deus, temos o privilégio de um relacionamento íntimo com ele, a quem podemos chamar de nosso Pai (Romanos 8:15). Não temos de viver uma vida medonha de obediência escravagista; em vez disso, somos livres para experimentar a alegria de viver como herdeiros de todas as bênçãos que Deus deseja conceder a seus filhos (Romanos 8:15,17).

Nós, que fomos adotados por Deus, experimentamos algumas das bênçãos e benefícios de ser seus filhos, mas não as experimentaremos plenamente até que Cristo retorne. Por um lado, "agora somos filhos de Deus" (1João 3:2), mas, por outro, "gememos interiormente" esperando o dia em que as bênçãos completas de nossa adoção sejam experimentadas (Romanos 8:23).

Nesse ínterim, a vida dos filhos de Deus será marcada por muitas bênçãos, mas também por sofrimentos (Romanos 8:17), os quais, assim como Paulo prometeu, "não podem ser comparados com a glória que em nós será revelada" no retorno de Cristo (Romanos 8:18). Esse será o dia em que o próprio Deus limpará "toda lágrima" dos olhos de seus filhos e quando a morte, o luto, o pranto e a dor não mais existirão. (Apocalipse 21:4).

Perguntas para revisão e aplicação

1. O que significa ser justificado?

2. Como os cristãos são justificados? Você realmente crê que foi totalmente justificado de uma vez por todas?

3. Se você é um cristão, como isso faz com que se sinta parte da família de Deus? Por que isso faz você se sentir assim? Você pode citar algumas das bênçãos específicas que advêm da salvação?

15. O que são santificação e perseverança?

Conforme mencionado no capítulo 13, conversão — arrependimento de nossos pecados e confiança em Deus para a salvação — definem o padrão para o restante da vida cristã. O arrependimento e a fé resultam em justificação; mas arrependimento e fé também ajudam naquilo que, às vezes, chamamos de santificação. A santificação é a obra progressiva de Deus e do homem, que torna os cristãos cada vez mais livres do pecado e mais semelhantes a Cristo em sua vida. Deus e seus filhos cooperam nessa obra, ambos desempenhando papéis distintos. Ainda que os cristãos possam esperar progredir em sua santificação, eles nunca alcançarão a perfeição até Cristo retornar.

A santificação é um processo

A santificação começa no ponto de regeneração (o dom de Deus da nova vida espiritual) e prossegue ao longo da vida. Na regeneração, Paulo diz que os cristãos "foram libertados do pecado" (Romanos 6:18) e, assim, devem se considerar "mortos para o pecado, mas vivos para Deus em Cristo Jesus [...] pois o pecado não os dominará" (Romanos 6:11,14). Esse rompimento inicial do poder do pecado significa que os cristãos já não são governados ou dominados pelo pecado e não mais têm amor ao pecado.

Mas, como a santificação é um processo, nunca estaremos completamente livres do pecado nesta vida. Como diz 1João 1:8: "Se afirmarmos que estamos sem pecado, enganamo-nos a nós mesmos, e a verdade não está em nós". Ou, como está escrito em Eclesiastes 7:20: "Todavia, não há um só justo na terra, ninguém que pratique o bem e nunca peque". Sabendo disso, Jesus ordenou a seus discípulos que orassem (o que parece ser em base diária): "Perdoa os nossos pecados" (Lucas 11:4).

Assim que os cristãos morrem e vão para Deus, sua santificação é completada porque suas almas estão livres de pecado residente e se tornam perfeitos. O autor de Hebreus diz que, quando entramos na presença de Deus para adorar, vimos "aos espíritos dos justos aperfeiçoados" (Hebreus 12:23). Isso é adequado porque antecipa o fato de que "nela [na cidade de Deus] jamais entrará algo impuro" (Apocalipse 21:27).

Mas, em outro sentido, a santificação, visto que ela envolve toda a pessoa (corpo e alma), não será completa até que o Senhor volte e transforme "nossos corpos humilhados para serem semelhantes ao seu corpo glorioso" (Filipenses 3:21). Então, nossos corpos também serão perfeitos e livres de todas as influências do pecado.

Embora nunca estejamos completamente livres do pecado nesta vida, devemos ainda esperar ver um progresso regular em nossa santificação. Paulo diz que "estamos sendo transformados com glória cada vez maior" (2Coríntios 3:18). Ele também diz: "Esquecendo-me das coisas que ficaram para trás e avançando para as que estão adiante, prossigo para o alvo, a fim de ganhar o prêmio do chamado celestial de Deus em Cristo Jesus" (Filipenses 3:13-14).

A imagem é de um processo contínuo com duração de toda uma vida. A Bíblia não é específica sobre que montante de aumento de santificação devemos esperar nesta vida. Também não nos diz especificamente com que esse aumento pode ser comparado ou com que pecados específicos não mais lutaremos. De fato, às vezes experimentaremos grande liberdade de um pecado seguida de uma terrível luta com outro.

No entanto, com tudo isso, os cristãos jamais devem desistir de sua luta. Nunca devem dizer que algum pecado os derrotou. Em momento algum devem dizer que não podem mudar. Em vez disso, em meio à luta, devem se apegar às promessas de Deus, como a encontrada em Romanos 6:14: "Pois o pecado não os dominará".

O papel divino na santificação

A santificação é principalmente uma obra de Deus. Paulo indica isso quando ora em 1Tessalonicenses 5:23: "Que o próprio Deus da paz os santifique inteiramente". O autor de Hebreus confirma isso quando escreve: "O Deus da paz [...] os aperfeiçoe em todo o bem para fazerem a vontade dele, e opere em nós o que lhe é agradável, mediante Jesus Cristo, a quem seja a glória para todo o sempre" (Hebreus 13:20-21).

Deus equipa seus filhos por meio do poder do Espírito Santo, que é aquele que trabalha em nosso interior para nos transformar e santificar, dando-nos maior santidade de vida. É por isso que Pedro fala da "santificação do Espírito" em sua primeira epístola, Apocalipse 1:2, e Paulo fala da "santificação pelo Espírito" em 2Tessalonicenses 2:13. É o Espírito Santo que produz em nós o "fruto do Espírito" (Gálatas 5:22-23), os traços de caráter que fazem parte de uma santificação cada vez maior.

Quanto mais crescemos em santificação, "vivemos pelo Espírito" e somos "guiados pelo Espírito" (Gálatas 5:16-18), isto é, nos tornamos cada vez mais responsivos aos desejos e inspirações do Espírito Santo em nossa vida e em nosso caráter. O Espírito Santo é o espírito de santidade; portanto, ele produz santidade em nós.

Nosso papel na santificação

Estamos envolvidos tanto passiva quanto ativamente na santificação. É-nos dito que, por meio de arrependimento e fé, nos apresentamos "a Deus como quem voltou da morte para a vida" (Romanos 6:13) — esse é o nosso envolvimento passivo. Mas também nos diz em Romanos 8:13 que devemos fazer "morrer os atos do corpo" (isto é, o pecado), o que implica um papel ativo de nossa parte. Embora Paulo claramente diga que só podemos fazer isso pelo poder "do Espírito" (Romanos 8:13), somos informados de que, não obstante, temos um papel ativo.

O mesmo papel ativo e passivo é encontrado em Filipenses 2:12-13: "Ponham em ação a salvação de vocês com temor e tremor, pois é Deus quem efetua em vocês tanto o querer quanto o realizar, de acordo com a boa vontade dele". O estímulo para operar nossa própria salvação está baseado na promessa de que Deus operará em nós. Ele fortalecerá nosso trabalho! Por isso mesmo, aqueles que creem em Jesus podem confiantemente "Esforcem-se [...] para serem santos; sem santidade ninguém verá o Senhor".

Tornar-se um cristão é um dom de Deus que exige nosso envolvimento; descobrimos que o mesmo vale para a santificação. O progresso na santificação é um dom da graça, mas um dom que podemos esperar receber. Assim como Deus honra nossa fé inicial (fé que ele nos outorga), ele também honra nossos contínuos atos de fé e obediência, demonstrados por meio da leitura e meditação da Bíblia (Salmos 1:2, Mateus. 4:4, João 17:17), oração (Efésios 6:18; Filipenses 4:6), adoração (Efésios 5:18-20), testemunho (Mateus 28:19-20), atos de misericórdia e justiça (Mateus 23:23; Tiago 1:27), comunhão cristã (Hebreus 10:24-25), e autodisciplina ou autocontrole (Gálatas 5:23; Tito 1:8).

É importante que continuemos a crescer tanto em nossa passiva confiança em Deus para nos santificar quanto em nossa ativa luta pela santidade e obediência em nossa vida. Se negligenciarmos ativamente a obediência a Deus, nos tornaremos cristãos indolentes. Se negligenciarmos o papel passivo de confiança em Deus e submissão a ele, tornamo-nos orgulhosos e confiamos demais em nós mesmos. Em ambos os casos, nossa santificação será deficiente, e, se isso acontecer, não experimentaremos a alegria e a paz que ele nos prometeu (Gálatas 5:22; Romanos 14:17).

E se o processo de santificação terminar?

Todos os verdadeiros cristãos devem esperar crescimento em santificação durante sua vida. Mas e se esse processo acabar? E se ele terminar, o que isso significa? Isso significa que nós, que uma vez fomos cristãos, agora já não somos mais? Todas essas questões têm uma única demanda em seu bojo: podemos realmente perder as bênçãos de nossa salvação?

A resposta a essa pergunta é não. Todos os que são verdadeiramente cristãos serão mantidos pelo poder de Deus e perseverarão como cristãos até o fim de sua vida. Mas como saberemos se somos verdadeiramente cristãos? E se alguém abandonar a profissão de fé e viver uma vida de rebelião contínua contra Deus? Com respeito a esses casos, temos de dizer que somente aqueles que perseverarem até o fim serão verdadeiramente cristãos. Esse ensino de dois segmentos (todos os verdadeiros cristãos perseverarão e somente aqueles que perseverarem serão verdadeiros cristãos) às vezes é referido como a *perseverança dos santos.*

A promessa de Jesus

Em primeiro lugar, há provas escriturísticas de que todos os verdadeiros cristãos perseverarão. Em João 6:38-40, Jesus diz:

"Pois desci do céu, não para fazer a minha vontade, mas para fazer a vontade daquele que me enviou. E esta é a vontade daquele que me enviou: que eu não perca nenhum dos que ele me deu, mas os ressuscite no último dia. Porque a vontade de meu Pai é que todo o que olhar para o Filho e nele crer tenha a vida eterna, e eu o ressuscitarei no último dia".

Aqui Jesus está dizendo que todos os que creem nele terão vida eterna. Diz que os ressuscitará no último dia, dando-lhes vida eterna. Além disso, Jesus diz que é a vontade de Deus que ele "não perca nenhum" de todos os que Deus lhe deu.

Jesus faz uma promessa similar em João 10:27-29: "As minhas ovelhas ouvem a minha voz; eu as conheço, e elas me seguem. Eu lhes dou a vida eterna, e elas jamais perecerão; ninguém as poderá arrancar da minha mão. Meu Pai, que as deu para mim, é maior do que todos; ninguém as pode arrancar da mão de meu Pai".

Em João 10:28, especificamente, Jesus diz duas coisas sobre seus seguidores. Primeiramente, ele diz: "Ninguém as pode arrancar da minha mão". Em segundo lugar, diz que eles "nunca vão perecer". Essas frases, tomadas em conjunto, chamam nossa atenção para a maravilhosa promessa de que aqueles a quem Jesus concede vida eterna nunca a perderão.

Essas são apenas duas das promessas feitas por Jesus com respeito à perseverança dos santos. Dessas duas passagens parece claro que Jesus entendeu que aqueles que receberam a vida eterna dele a manteriam por toda a eternidade.

A promessa do Espírito Santo

Uma evidência adicional de que Deus conserva os cristãos seguros para a eternidade é o selo que ele coloca sobre nós: o Espírito Santo. Paulo, em Efésios 1:13-14, escreve que, quando os cristãos creem em Jesus, são "selados com o Espírito Santo da promessa, que é a garantia da nossa herança até a redenção daqueles que pertencem a Deus para o louvor da sua glória". A herança prometida por Deus inclui todas as bênçãos complementares da vida eterna e uma grande recompensa no céu em sua companhia. O selo ou a garantia dessa promessa é a própria presença de Deus — o Espírito Santo — em cada cristão.

A promessa na perseverança

Embora os verdadeiros cristãos perseverem até o fim, somente aqueles que perseveram até o fim são verdadeiros cristãos. Em João 8:31 Jesus diz: "Se vocês permanecerem firmes na minha palavra, verdadeiramente serão meus discípulos". Ou seja, uma evidência da fé genuína é continuar a crer e obedecer ao que Jesus disse e ordenou.

Em Colossenses 1:22-23 Paulo escreve aos cristãos de Colossos que Cristo os reconciliou com Deus "para apresentá-los diante dele santos, inculpáveis e livres de qualquer acusação, desde que continuem alicerçados e firmes na fé, sem se afastarem da esperança do evangelho, que vocês ouviram". Não querendo dar aos que não eram verdadeiramente cristãos uma falsa garantia, Paulo colocou a condição de perseverança na promessa que ele estava fazendo. Ao dizer "desde que continuem alicerçados e firmes na fé", ele não está tentando ameaçar ou assustar os verdadeiros cristãos; em vez disso, está dizendo que aqueles que não creem verdadeiramente acabarão por deixar a fé que afirmavam ter.

A promessa de perseverança é que aqueles que continuam na fé até o final de sua vida são verdadeiros cristãos. Como afirmamos anteriormente, isso não significa que essas pessoas terão vida perfeita. Os verdadeiros cristãos podem ter lutas intensas contra o pecado em diferentes momentos de sua vida, mas isso quer dizer que essas lutas serão realmente conflitos, e os verdadeiros cristãos lutarão contra o pecado mediante arrependimento e fé. A promessa de perseverança serve como aviso para aqueles que não são verdadeiramente cristãos, porque isso lhes dá razão para crer que, se caírem ou se afastarem da fé, terão poderosa indicação de que nunca foram verdadeiros cristãos.

Garantia de perseverança

O autor de Hebreus nos diz que um meio de saber se nossa fé em Cristo é verdadeira é pelo apego "até o fim à confiança que tivemos no princípio" (Hebreus 3:14). Todavia, se a única certeza que temos da veracidade de nossa fé vem no fim da vida, então temos poucas esperanças para hoje. Sempre estaríamos nos perguntando se poderíamos cair no final de nossa existência e mostrar que não fomos realmente salvos, mas esse tipo de preocupação não é coerente com a forma como o Novo Testamento vê nossa garantia.

De fato, os verdadeiros cristãos podem obter segurança real de salvação de outros fatores e, especialmente, de uma confiança presente em Cristo e em sua obra contínua em sua vida. Nossa presente confiança em Cristo para a salvação é uma garantia de conversão verdadeira. Este é o ensinamento do versículo mais célebre da Bíblia: "Porque Deus tanto amou o mundo que deu o seu Filho Unigênito, para que todo o que nele crer não pereça, mas tenha a vida eterna" (João 3:16). Se você crê nele, tem a vida eterna.

Se você tem confiança na obra de Cristo em seu favor, a certeza na capacidade de Cristo de suportar a pena pelos seus pecados e de confiar que Cristo pode levá-lo até o céu fundamentado apenas na obra dele, e não na sua obra, então, essa confiança é uma garantia de uma fé verdadeira.

Mas a presente confiança em Cristo para a salvação não é a única coisa que traz garantia, uma vez que a evidência do contínuo trabalho de Deus em sua vida também a proporciona. Esse trabalho permanente inclui o testemunho particular do Espírito Santo em seu coração, permitindo que você saiba que é um dos filhos de Deus (1João 4:13). Também incluirá a obra do Espírito Santo levando-o a obedecer à vontade de Deus (Romanos 8:14). Isso será demonstrado mediante uma vida de "amor, alegria, paz, paciência, amabilidade, bondade, fidelidade, mansidão e domínio próprio" (Gálatas 5:22-23). Embora nem sempre haja perfeição, uma análise de sua vida deve mostrar evidências de crescimento nessas áreas.

Além disso, deve haver mostras de um relacionamento contínuo e presente com Jesus Cristo, pois "aquele que diz: 'Eu o conheço', mas não obedece a seus mandamentos, é mentiroso, e a verdade não está nele. Mas, se alguém obedece a sua palavra, nele verdadeiramente o amor de Deus está aperfeiçoado. Desta forma sabemos que estamos nele: aquele que afirma que permanece nele, deve andar como ele andou" (1João 2:4-6). Uma vida perfeita não é necessária, mas uma verdadeira vida cristã demonstrará obediência aos mandamentos e imitação da vida de Cristo.

Esse trabalho contínuo do Espírito Santo em nós será visto por um longo período de tempo em nossa vida — ou seja, os verdadeiros cristãos crescerão em santificação. Pedro nos diz que uma maneira de "consolidar o chamado e a eleição de vocês" (2Pedro 1:10) é aumentar a virtude, o conhecimento, o autocontrole, a firmeza, a piedade, a afeição fraternal e o amor (2Pedro1:5-8). Esse apóstolo afirma que, se essas qualidades aumentam em nossa vida, nós jamais tropeçaremos (2Pedro 1:10). Se você sente falta dessas qualidades, não tente simplesmente reproduzi-las em sua vida para reforçar sua garantia, mas se arrependa dessa falta e peça ao Senhor para lhe conceder crescimento nessas áreas.

Perseverante por meio do processo

A santificação é um processo com duração de uma vida. Se você crê em Jesus, às vezes parecerá que o processo está ocorrendo a uma taxa mais rápida do que você sempre achou ser possível. É nessas ocasiões que precisará se proteger contra o orgulho e a justiça própria (pensando de si mesmo mais do que deve e dando crédito a sua bondade, que é, de fato, um dom da graça).

Noutras ocasiões, você se perguntará se afinal há alguma vida em si, e é nessas ocasiões que você cogitará se é mesmo um cristão verdadeiro. Quando as dúvidas começarem a ocupar seus pensamentos, faça a oração encontrada em Marcos 9:24: "Creio, ajuda-me a vencer a minha incredulidade!"

E em meio de tudo isso tenha a certeza da promessa de que "mediante a fé, [vocês] são protegidos pelo poder de Deus até chegar a salvação prestes a ser revelada no último tempo" (1Pedro 1:5). E confie na declaração de Jesus de que "a vontade de meu Pai é que todo o que olhar para o Filho e nele crer tenha a vida eterna, e eu o ressuscitarei no último dia" (João 6:40).

Perguntas para revisão e aplicação

1. Como a santificação é diferente da justificação?

2. Qual é o nosso papel na santificação? Qual é o papel de Deus? Quais são algumas maneiras específicas pelas quais você poderia contribuir mais com sua santificação na próxima semana?

3. Liste algumas passagens das Escrituras que apoiam a doutrina da perseverança. Quando você reflete sobre essas passagens, como elas o fazem sentir? Por que esses textos o fazem sentir assim?

16. O que é a morte?

De acordo com o mencionado no último capítulo, a morte põe fim a uma parte da santificação do cristão. Na morte, a alma de um cristão imediatamente se torna perfeita e adentra à presença de Deus. Mas não é senão quando Cristo retornar que o cristão experimenta plena perfeição tanto para o corpo como para a alma, pois nesse tempo seu corpo será ressuscitado e tornado perfeito também. Neste capítulo, investigaremos o que acontece entre a morte e o retorno de Cristo.

Por que os cristãos morrem?

A morte não é uma punição aos cristãos, pois, como ficou bem claro nos quatro capítulos anteriores, não há "condenação para aqueles que estão em Cristo Jesus" (Romanos 8:1). A penalidade completa para o pecado do cristão foi paga por Cristo Jesus.

No entanto, Deus, em sua sabedoria, decidiu que é melhor que os cristãos não experimentem todos os benefícios da salvação de uma só vez. Por exemplo, os cristãos ainda pecam, ficam enfermos, sofrem desastres naturais são presas de atos malignos e de injustiça. E eles ainda morrem. Tudo isso é resultado de viverem em um mundo decadente, que não está totalmente livre da maldição do pecado.

Paulo nos diz que, a despeito de Cristo ter derrotado a morte quando ressurgiu dos mortos, ela será a última consequência do pecado a ser removida deste mundo decaído: "Pois é necessário que ele reine até que todos os seus inimigos sejam postos debaixo de seus pés. O último inimigo a ser destruído é a morte" (1Coríntios 15:25-26).

Deus usa a experiência da morte para completar nossa santificação — ou seja, a utiliza como um meio para nos tornar mais semelhantes a Cristo. De fato, na vida do cristão não é incomum para Deus usar dificuldades e sofrimento para produzir algum bem.

Paulo nos diz em Romanos 8:28: "Sabemos que Deus age em todas as coisas para o bem daqueles que o amam". Dor e sofrimento são muitas vezes os resultados de Deus disciplinar seus filhos, pois "o Senhor disciplina a quem ama, e castiga todo aquele a quem aceita como filho [...] Deus nos disciplina para o nosso bem, para que participemos da sua santidade. Nenhuma disciplina parece ser motivo de alegria no momento, mas sim de tristeza. Mais tarde, porém, produz fruto de justiça e paz para aqueles que por ela foram exercitados" (Hebreus 12:6,10-11).

Nem toda disciplina serve para nos corrigir quando cometemos erros. Muitas vezes, a disciplina divina em nossa vida é uma maneira de nos fortalecer; um meio de santificação. Embora Jesus nunca tenha pecado, ele ainda "aprendeu a obedecer por meio daquilo que sofreu" (Hebreus 5:8). Enquanto ele se desenvolvia desde a infância até a maioridade e por toda a sua vida na Terra, a tarefa de obedecer a Deus tornou-se cada vez mais difícil e incluiu muito sofrimento. Em meio a tudo isso, Jesus crescia em poder para obedecer.

Visto que Deus trabalha até mesmo por meio da nossa experiência de morte para completar nossa santificação, preservar nossa vida e conforto geral não é o maior objetivo. Obediência a Deus e fidelidade sob cada circunstância são muito mais importantes, por isso Paulo pôde dizer aos anciãos de Efésios: "Todavia, não me importo, nem considero a minha vida de valor algum para mim mesmo, se tão somente puder terminar a corrida e completar o ministério que o Senhor Jesus me confiou, de testemunhar do evangelho da graça de Deus" (Atos 20:24).

Embora Deus possa usar uma provação como a morte para um fim positivo em nossa vida, é importante lembrar que a morte não é meramente "natural", como as pessoas que desconhecem a Palavra de Deus muitas vezes pensam. Nem é doença ou maldade, tampouco injustiça natural. Essas coisas não são justas, e no mundo de Deus elas não deveriam acontecer. Mesmo que convivamos com essas coisas agora, um dia tudo isso, inclusive a morte, será finalmente destruído (1Coríntios 15:24-26).

Quando o cristão morre

Se você crê em Jesus, a Bíblia o anima a não ver sua própria morte com temor, uma vez que Jesus morreu para libertar "aqueles que durante toda a vida estiveram escravizados pelo medo da morte" (Hebreus 2:15). Pelo contrário, você deve ver a própria morte com alegria, sabendo que depois dela você estará com Cristo. Paulo demonstra clara compreensão disso em 2Coríntios 5:8, quando escreve: "Preferimos estar ausentes do corpo e habitar com o Senhor". Ele também escreve algo semelhante em Filipenses 1:23: "Desejo partir e estar com Cristo, o que é muito melhor".

Se você tem medo da morte e acha difícil acreditar nas palavras de Paulo, pode ser útil a você confessar isso ao Senhor. Peça-lhe para ampliar sua compreensão sobre o que acontece quando você morre e também para aumentar sua fé na bondade dele.

Quando os cristãos morrem, suas almas vão imediatamente para a presença de Deus; embora seus corpos permaneçam no solo, suas almas seguem para a presença de seu Criador. É por isso que Paulo escreve sobre estar ausente do corpo por meio da morte (2Coríntios 5:8) e partir para estar com Cristo (Filipenses 1:23). Considerando que as almas dos cristãos são eternamente felizes na presença de Deus, não há necessidade de orar por elas porque eles estão mortos. (Esse é um setor em que os católicos romanos mantêm um ponto de vista diferente, porque acreditam que os cristãos que morrem vão para o purgatório e que nossas orações podem ajudá-los a sair de lá mais cedo.)

Ainda que saibamos que as almas dos cristãos são eternamente felizes na presença de Deus, ainda é correto sentir tristeza pela morte de um amigo ou parente cristão. Quando o apóstolo Estêvão foi apedrejado, "alguns homens piedosos [...] fizeram por ele grande lamentação" (Atos 8:2). Jesus chorou sobre o túmulo de seu amigo Lázaro (João 11:35), tanto por causa da tristeza pela morte do amigo como por causa de todos os que experimentariam a dor da morte até o seu retorno.

Mas a tristeza sentida pela morte de um cristão não é desesperançada, porque sabemos que ele partiu para estar com o Senhor. Paulo escreve em 1Tessalonicenses 4:13 que não nos devemos entristecer "como os outros que não têm esperança".

Quando morrem os não cristãos

Quando as pessoas que rejeitaram as reivindicações de Cristo morrem, suas almas vão imediatamente para o castigo eterno, mas seus corpos permanecem no túmulo até o retorno de Cristo, quando eles se juntarão a suas almas para o juízo final (ver Mateus 25:31-46, João. 5:28-29, Atos 24:15 e Apocalipse 20:12). A Escritura nunca nos encoraja a pensar que as pessoas terão uma segunda chance de confiar em Cristo após a morte. Na verdade, a situação é bastante contrária, conforme mostrado tanto na parábola do rico e Lázaro (ver

Lucas 16:24-26) quanto em declarações gerais sobre morte e juízo (ver Hebreus 9:27: "Da mesma forma, como o homem está destinado a morrer uma só vez e depois disso enfrentar o juízo").

Assim, a tristeza sentida pela morte de alguém que cremos ter rejeitado a Cristo não é uma aflição mesclada com esperança. Quando Paulo pensou em alguns judeus que haviam rejeitado a Cristo, disse: "Tenho grande tristeza e constante angústia em meu coração" (Romanos 9:2). Entretanto, muitas vezes não temos certeza absoluta de se um amigo ou ente querido continuou a rejeitar a Cristo até o fim. O conhecimento da morte iminente pode trazer um exame verdadeiro de coração, e o indivíduo chegar a verdadeiro arrependimento e fé. Em alguns casos, simplesmente não sabemos. Todavia, depois da morte de um não cristão seria errado dar qualquer indicação a outros de que achamos que a pessoa foi para o céu, uma vez que isso diminuiria o senso de urgência para aqueles ainda vivos confiarem em Cristo. Quando um não cristão morre, frequentemente é bom expressar verdadeira gratidão pelas boas qualidades que notamos na vida dessa pessoa, assim como o rei Davi fez quando soube que o rei Saul havia morrido (2Samuel. 1:19-25).

Quando os cristãos serão ressuscitados dentre os mortos?

Mais uma vez, se você crê em Jesus, quando seu corpo morre e é deposto na tumba, sua alma é imediatamente transportada à presença de Deus. E assim, até que Cristo volte, esperamos "a redenção do nosso corpo, pois nessa esperança fomos salvos" (Romanos 23-24). Esse será o dia, diz Paulo, em que seremos "glorificados com Cristo" (Romanos 8:17).

Para os cristãos que morreram, o dia em que Cristo retornar será o último passo na aplicação da redenção. Naquela ocasião, seus novos e perfeitos corpos serão reunidos a suas almas. Cristo foi o primeiro a ressurgir com tal corpo de ressurreição, mas Paulo diz que "na sua vinda" os cristãos também serão ressurretos dessa maneira (1Coríntios 15:22-23).

E para os cristãos que ainda estiverem vivos quando Cristo voltar, seus corpos imperfeitos serão instantaneamente transformados em perfeitos. Paulo diz: "Nem todos dormiremos [isto é, morreremos], mas todos seremos transformados num momento, num abrir e fechar de olhos, ao som da última trombeta. Pois a trombeta soará, os mortos ressuscitarão incorruptíveis e nós seremos transformados" (1Coríntios 15:51-52). Assim, todos os crentes em Cristo terão renovados corpos ressurretos, identicamente ao que o seu Salvador recebeu (1Coríntios 15:20,23,49; Filemon 3:21). Esse processo é chamado de "glorificação", porquanto nossos corpos recebem um novo tipo celestial de glória.

Esses novos corpos serão "imperecíveis" (1Coríntios 15:52), isto é, eles não se desgastarão, envelhecerão ou estarão sujeitos a doenças ou males físicos. Eles não mostrarão nenhum sinal de envelhecimento, mas, em vez disso, serão completamente saudáveis e vigorosos para sempre. Os novos corpos serão como Deus originalmente os projetou: muito mais belos e atraentes do que qualquer coisa que hoje possamos imaginar. Aqueles que ressurgirem com Cristo viverão para sempre em corpos que possuirão todas as excelentes qualidades que Deus criou para termos. Esses serão para sempre a prova viva da sabedoria de Deus na criação — uma criação que ele chamou de "muito boa" (Gênesis 1:31).

Perguntas para revisão e aplicação

1. Por que os cristãos morrem? Como isso afeta a maneira pela qual você pensa em sua própria morte algum dia?

2. O que acontece com os corpos e com as almas dos cristãos quando morrem? Como isso faz você se sentir? Por quê?

3. O que acontecerá aos corpos dos cristãos quando Jesus retornar a este mundo? Que aspectos específicos dos corpos ressurretos você poderá aguardar?

17. O que é a igreja?

A igreja é a comunidade de todos os verdadeiros cristãos em todos os tempos. Ou seja, a igreja é composta de todos os homens e mulheres que foram, são, ou sempre serão verdadeiros crentes em Jesus. Quando Paulo escreveu em Efésios 5:25 que "Cristo amou a igreja e entregou-se a si mesmo por ela", estava se referindo a todas as pessoas pelas quais Cristo morreu para as redimir. Ele não quis dizer apenas aqueles que estavam vivos após a morte de Cristo, mas também aqueles que olharam para Deus para sua salvação antes de Jesus vir à Terra. Todos os verdadeiros cristãos, independentemente da época em que viveram, compõem a verdadeira igreja.

Jesus disse que ele edificaria sua igreja (Mateus 16:18), atraindo pessoas para si. Esse padrão de edificação da igreja é uma continuação do processo de sua construção antes de Jesus ter vindo à Terra, pois nos tempos do Antigo Testamento Deus estava continuamente atraindo seu povo para si, a fim de que o povo fosse uma assembleia de adoração a ele. Assim como toda a nação de Israel no Antigo Testamento devia reunir-se para adorar a Deus, os cristãos hoje são chamados a fazer o mesmo.

A Igreja Invisível, porém, visível

Como não podemos ver a condição espiritual do coração das pessoas, a verdadeira igreja em sua realidade espiritual como comunhão de todos os verdadeiros cristãos é invisível, ou seja, somente Deus pode sondar o coração das pessoas. Como Paulo diz em 2Timóteo 2:19, "o Senhor conhece quem lhe pertence". Por conseguinte, a "igreja invisível" é a igreja como Deus a vê.

Mas a igreja também é visível. Enquanto a igreja invisível é aquela como Deus vê, a 'igreja visível' é a igreja como os cristãos a veem, portanto, a esta última conterá tanto cristãos verdadeiros como outros que não creem ou seguem as reivindicações de Jesus. Mas, ao fazer essa distinção, não devemos nos tornar excessivamente desconfiados quanto àqueles que parecem ser verdadeiros cristãos. Em vez disso, e de forma favorável, devemos considerar todos como membros da igreja universal que parecem ser cristãos de sua confissão de fé e padrão de vida.

Outras descrições da igreja

Em o Novo Testamento, a palavra "igreja" é usada para descrever diferentes tipos de grupos de cristãos: uma igreja em casas pequenas (Romanos 16:5; 1Coríntios 16:19), a igreja de uma cidade (1Coríntios 1:2; 2Coríntios 1:1; 1Tessalonicenses 1:1), a igreja de uma região (Atos 9:31) e a igreja mundial (Efésios 5:25; 1Coríntios 12:28). Desse modo, a comunidade do povo de Deus em qualquer nível é corretamente chamada de igreja.

Uma variedade de metáforas também é usada para descrever a igreja. Um grupo de metáforas afirma que a igreja é uma família e que seus membros se relacionam entre si como componentes de uma família maior. É por isso que Paulo escreve em 1Timóteo 5:1-2: "Não repreenda asperamente ao homem idoso, mas exorte-o como se ele fosse seu pai; trate os jovens como a irmãos; as mulheres idosas, como a mães; e as moças, como a irmãs, com toda a pureza". A relação entre Cristo e a igreja também é vista em termos familiares, sendo Cristo o noivo e a igreja, sua noiva (Efésios 5:32; 2Coríntios 11:2).

Outra imagem comum da igreja é a de um corpo. Em 1Coríntios 12 Paulo se refere aos membros da igreja como membros de um corpo. Os membros têm sua própria função e responsabilidade especiais, assim como partes do corpo humano. Em Efésios 1:22-23; 4:15-16 e Colossenses 2:19, a igreja é referida como um corpo com Cristo como sua cabeça, mantendo o corpo unido e equipando cada parte para funcionar como deve.

Há muitas outras metáforas usadas para a igreja: um novo templo (1Pedro 2:4-8), um santo sacerdócio (1Pedro 2:5), ramos de uma videira (João 15:5), uma oliveira (Romanos 11:17-24) e um campo cultivável (1Coríntios 3:6-9). A ampla gama de metáforas usadas para a igreja deve nos lembrar de não nos concentrarmos demais numa delas, pois a ênfase imprópria dada a uma metáfora com exclusão de outras resultará numa visão desequilibrada da igreja. Em vez disso, devemos considerar cada metáfora como uma perspectiva diferente da igreja, algo que nos informe um pouco mais sobre a comunidade da qual Deus nos permitiu fazer parte.

O que faz da congregação uma igreja?

Se um grupo de pessoas se reúne para discutir coisas espirituais, isso faz delas uma igreja? E se elas fizerem isso em um edifício consagrado em oposição a uma cafeteria? E se, além da discussão, elas cantarem e orarem juntas? E se adicionarem a leitura da Bíblia ao tempo do grupo? Que atividades fazem de uma congregação uma igreja?

Tradicionalmente, muitos escritores cristãos concordam que existem duas principais atividades (ou “marcas”) que toda igreja deve exibir para ser verdadeiramente considerada uma igreja. A primeira é a correta pregação bíblica, a qual tem menos a ver com a forma do sermão do que com o seu conteúdo. Se os sermões feitos numa igreja contiverem falsas doutrinas ou omitirem a verdadeira mensagem evangélica de salvação somente pela fé, então a igreja em que esses sermões são pregados não é uma igreja verdadeira.

A segunda marca da igreja verdadeira é a administração correta dos sacramentos (ou "ordenanças"), que são o batismo e a Ceia do Senhor. Uma vez que uma organização comece a praticar o batismo e a Ceia do Senhor de maneira bíblica, então essa organização está funcionando como uma igreja. A prática dos dois sacramentos é considerada uma marca da igreja verdadeira, porque os sacramentos podem servir como controle da membresia; isto é, o batismo é um meio de admitir indivíduos à igreja, e a participação na Ceia do Senhor é um modo de os membros continuarem mostrando sua boa reputação dentro do corpo congregacional. Portanto, historicamente, muitos escritores têm dito que apenas as igrejas que praticam adequadamente os sacramentos são consideradas verdadeiras.

Mas com muitas organizações paralelas hoje (isto é, ministérios especiais como agências missionárias, universidades e faculdades cristãs), é oportuno adicionar outra "marca" de uma verdadeira igreja: Para ser uma igreja, uma organização deve tentar funcionar como uma igreja, em vez de incentivar seus membros a se tornarem parte de uma igreja local.

Entre as igrejas verdadeiras, podemos fazer duas outras distinções — conforme enfatizado em o Novo Testamento. Uma igreja pode ser mais ou menos pura ou mais ou menos unificada. A pureza da igreja é determinada pelo seu grau de libertação de doutrinas e condutas errôneas, e seu grau de conformidade com a vontade revelada de Deus para sua igreja. O objetivo de Cristo para a igreja é "santificá-la, tendo-a purificado pelo lavar da água mediante a palavra, e apresentá-la a si mesmo como igreja gloriosa, sem mancha nem ruga ou coisa semelhante, mas santa e inculpável" (Efésios 5:26-

27). Assim, como membros da igreja, devemos buscar sua pureza em todas as áreas, segundo o melhor da nossa capacidade.

Além disso, também devemos buscar a unidade, isto é, o livramento de divisões entre os cristãos verdadeiros segundo nosso melhor esforço. Quando fazemos isso, estamos nos harmonizando com a oração de Jesus em João 17:21 em prol dos futuros cristãos "para que todos sejam um". Isso não significa que precisa haver um governo mundial da igreja sobre todos os cristãos, porque a unidade pode se manifestar de outras maneiras. No entanto, isso significa que toda igreja verdadeira deveria tentar cooperar com outras igrejas e se afiliar àquelas que são verdadeiras e a grupos de cristãos, de várias formas apropriadas de tempos em tempos. Igrejas que tendem a estar constantemente em desacordo com a maioria das outras igrejas deve considerar com oração o quão bem elas estão trabalhando para alcançar o objetivo de Cristo de unidade entre os cristãos.

O que a igreja deve fazer?

A igreja deve ministrar a Deus, a seus membros e ao mundo. O ministério para Deus é realizado por meio da adoração a ele. Em Colossenses 3:16, Paulo anima a igreja a cantar "salmos, hinos e cânticos espirituais com gratidão a Deus em seus corações". O culto prestado a Deus na igreja não é apenas uma preparação para algo mais; é o próprio cumprimento do propósito principal da igreja, cujos membros foram criados para viver em função do louvor da glória de Deus (Efésios 1:12).

O ministério da igreja a seus membros é feito por intermédio da educação e edificação para que todos possam apresentar "todo homem perfeito em Cristo" (Colossenses 1:28). Como Paulo disse em Efésios 4:12-13, os líderes capacitados da igreja foram habilitados visando preparar os santos para a obra do ministério, para que o corpo de Cristo seja edificado, até que todos alcancemos a unidade da fé e do conhecimento do Filho de Deus e cheguemos à maturidade, atingindo a medida da plenitude de Cristo".

O ministério da igreja para o mundo é feito por meio da pregação do evangelho em palavras e ações a todas as pessoas. Em Mateus 28:19, Jesus ordena que seus discípulos "façam discípulos de todas as nações". Em Atos 1:8, foi dito aos discípulos que espalhassem a mensagem do evangelho "até aos confins da Terra". E o padrão de pregação na Escritura é claro: a mensagem deve ser ministrada tanto em palavras (por meio da evangelização) como em ação (mediante os ministérios de misericórdia).

Cada igreja deve estar envolvida em vários tipos de ministérios de palavra e ação, incluindo não só evangelização, mas também ministério aos pobres e oprimidos (Gálatas 2:10; Tiago 1:27). E, embora pareça prioritário cuidar das necessidades físicas de outros cristãos (Atos 11:29; 2Coríntios 8:4; 1João 3:17), todos os membros da igreja, quando têm oportunidade, devem fazer "o bem a todos" (Gálatas 6:10).

Cada igreja deve tentar cumprir os três propósitos para os quais Deus a criou (adoração, educação, e evangelização e misericórdia). Um propósito não é mais importante do que o outro, e nenhuma igreja deveria dar prioridade a um propósito em detrimento de outros.

Em vez disso, com plena confiança na promessa de Cristo de que ele vai edificar sua igreja (Mateus 16:18), esta deve buscar de todo o coração prestar culto a Deus, desenvolver seus membros até a maturidade e pregar as boas-novas ao mundo mediante palavra e ação.

O poder da igreja para cumprir sua missão

Quando Cristo prometeu edificar sua igreja, deu a seus discípulos a autoridade de fazê-lo, e, quando os deixou, enviou-lhes o

Espírito Santo para capacitá-los a essa obra (João 14:26; Atos 1:8). O Espírito Santo habilitou os seguidores de Jesus com dons (dons espirituais) necessários para desenvolver o ministério da igreja; o Espírito Santo nos capacita hoje para usar esses dons e dar continuidade ao ministério da igreja.

Dons espirituais incluem tanto os dons relacionados a habilidades naturais (ensino, exercício da misericórdia e administração) como aqueles que parecem ser mais milagrosos (profecia, cura, discernimento de espíritos). A despeito de alguns fazerem distinção entre os dons naturais e os sobrenaturais, quando Paulo dá uma lista dos dons espirituais ele não parece fazer tal distinção (Romanos 12:6-8; 1Coríntios 7:7; 12:8-10,28; Efésios 4:11). Também não se pode dizer que alguns dos dons sobrenaturais só foram dados aos apóstolos como sinais e validação de seu ministério, pois esses foram amplamente distribuídos entre os cristãos em as várias igrejas contemporâneas de Paulo.

Entretanto, o apóstolo diz em 1Coríntios 13:12 que os dons milagrosos vão passar (observe o versículo 10), quando virmos Cristo "face a face" e quando o "conhecermos plenamente". No retorno de Cristo, os dons espirituais findarão, pois não mais haverá mais necessidade deles (1Coríntios 13:8).

Todos os dons espirituais, escreve Paulo em 1Coríntios 12:11, são "realizadas pelo mesmo e único Espírito, e ele as distribui individualmente, a cada um, conforme quer" por um e o mesmo Espírito, que compartilha cada um individualmente como ele quiser. "Esses dons são concedidos "para o bem comum" (1Coríntios 12:7) e para uso na "edificação da igreja" (1Coríntios 14:26). Os dons espirituais não somente capacitam a igreja" para o seu ministério, mas também para dar ao mundo uma antecipação da era por vir. Quando Cristo retornar, seu domínio e reinado sobre toda a Terra será plenamente conhecido e vivenciado, não apenas numa vida sem pecado (1João 3:2), mas também nos corpos glorificados dos cristãos (1Coríntios

15:53). Como a igreja, mediante o poder do Espírito, faz da futura promessa uma realidade presente (por exemplo, por meio da conversão de um incrédulo ou a cura de doenças), ela está concedendo a todos uma degustação do que está por vir e cumprindo sua missão ordenada por Cristo e para a qual está habilitada a realizar.

Perguntas para revisão e aplicação

1. Como uma igreja é diferente de um estudo bíblico ou de um retiro cristão?

2. Por que os cristãos devem se tornar membros de uma igreja? Quais são alguns dos perigos de não se tornar um membro de uma igreja local?

3. Você pode listar algumas coisas que uma igreja deveria fazer? Pode citar alguns exemplos específicos do trabalho do Espírito Santo ao capacitar e abençoar algumas dessas coisas de sua própria igreja?

18. O que acontecerá quando Cristo retornar?

Houve muitos debates na história da igreja sobre questões referentes ao futuro. Especificamente, os debates têm se concentrado no retorno de Cristo, o milênio (ou "mil anos"), o juízo final, o castigo eterno dos ímpios, a recompensa perene dos crentes e a vida com Deus no novo céu e nova Terra. Os estudos sobre esses eventos são chamados de estudos das "últimas coisas" ou "escatologia" (do grego *eschatos*, que significa "último").

O retorno de Cristo

Jesus disse a seus discípulos que voltaria à Terra pela segunda vez: "Voltarei e os levarei para mim, para que vocês estejam onde eu estiver" (João 14:3). Embora esteja claro nessa e noutras passagens (como Atos 1:11; 1Tessalonicenses 4:16; Hebreus 9:28; 2Pedro 3:10; 1João 3:2) que Jesus virá outra vez, elas também deixam evidente que "ninguém sabe" (Marcos 13:32) o tempo exato desse retorno, pois "o Filho do homem virá numa hora em que vocês menos esperam" (Mateus 24:44).

Apesar de ninguém conhecer o tempo do retorno de Cristo, todos os cristãos devem responder como João fez em Apocalipse 22:20

quando ouviu Cristo dizer: "Sim, venho em breve!", a resposta de João foi "Amém, vem Senhor Jesus!"

O tempo do retorno

Ainda que os versículos citados anteriormente sejam claros em afirmar que o retorno de Cristo ocorrerá num tempo que ninguém conhece, outras passagens da Bíblia sugerem que existem certos sinais que precederão a época da volta e Cristo. Esses sinais, conforme mostrados nos versículos que os apoiam, são estes:

- "É necessário que antes o evangelho seja pregado a todas as nações" (Marcos 13:10; ver também Mateus 24:14).
- "Porque aqueles serão dias de tribulação como nunca houve desde que Deus criou o mundo até agora, nem jamais haverá. Se o Senhor não tivesse abreviado tais dias, ninguém sobreviveria. Mas, por causa dos eleitos por ele escolhidos, ele os abreviou" (Marcos 13:19-20).
- "Pois aparecerão falsos cristos e falsos profetas que realizarão grandes sinais e maravilhas para, se possível, enganar até os eleitos" (Marcos 13:22; ver também Mateus 24:23-24).
- "Imediatamente após a tribulação daqueles dias o sol escurecerá, e a lua não dará a sua luz; as estrelas cairão do céu, e os poderes celestes serão abalados" (Marcos 13:24-25; ver também Mateus 24:29-30 e Lucas 21:25-27).
- "Irmãos, quanto à vinda de nosso Senhor Jesus Cristo [...] Antes daquele dia virá a apostasia e, então, será revelado o homem do pecado, o filho da perdição. Este se opõe e se exalta acima de tudo o que se chama Deus ou é objeto de adoração, a ponto de se assentar no santuário de Deus, proclamando que ele mesmo é Deus" (2Tessalonicenses 2:1,3-4).

- "Irmãos, não quero que ignorem este mistério [...] todo o Israel será salvo" (Romanos 11:25-26).

Jesus não disse que esses sinais foram dados para que as pessoas pensassem que, se elas não os vissem, ele não poderia retornar. Em vez disso, eles foram dados para intensificar a expectativa do retorno de Cristo: "Quando começarem a acontecer estas coisas, levantem-se e ergam a cabeça, porque estará próxima a redenção de vocês" (Lucas 21:28).

Mas a menção desses sinais propõe duas questões legítimas: Alguns desses sinais já ocorreram? Se não, Cristo poderia realmente retornar a qualquer momento? As respostas a essas perguntas variam na igreja.

Alguns acreditam que esses sinais não ocorreram e, portanto, Cristo não retornará em qualquer momento. Mas Jesus animou seus discípulos: "Fiquem atentos! Vigiem! Vocês não sabem quando virá esse tempo" (Marcos 13:33). O pensamento que sugere aos cristãos que Cristo não pode retornar em breve anula a força do incentivo de Cristo.

Uns acreditam que Cristo pode realmente vir a qualquer momento e lidam com o cumprimento dos sinais de três formas diferentes: (1) Alguns argumentam que haverá duas vindas de Cristo distintas: uma secreta e outra pública. Mas as passagens que falam de seu retorno não dão apoio a dois retornos em separado (ver discussão a seguir). (2) Outros advogam que todos os sinais já se haviam cumprido no início da história da igreja e que, portanto, Cristo poderia realmente retornar a qualquer momento. Mas alguns dos sinais (por exemplo, a grande tribulação, a salvação de Israel, o surgimento do "homem do pecado" e a queda de estrelas) não parecem ter se cumprido de forma clara ou evidente nos tempos da igreja primitiva. (3) Outros ainda argumentam que é improvável, mas possível, que os sinais tenham se cumprido e que, por conseguinte, Cristo pode retornar a qualquer momento.

À luz da ambiguidade relacionada ao cumprimento desses sinais, parece que a última visão é a mais razoável. Esse ponto de vista nos permite esperar que os sinais que precedem o retorno de Cristo provavelmente continuarão a acontecer no futuro, mas muito embora estejamos um pouco inseguros sobre isso, ainda podemos estar prontos para o súbito retorno de Cristo em qualquer dia. (A esse respeito, estar pronto para o retorno de Cristo é algo parecido com o uso de um cinto de segurança: você não pensa sofrer um acidente, mas usa o cinto porque pode estar errado.)

Os eventos no Retorno

Grande parte da discórdia dentro da igreja em relação ao retorno de Jesus trata diretamente da interpretação de uma passagem da Bíblia: Apocalipse 20:1-6. De modo específico, o desacordo tem a ver com os mil anos que João menciona em Apocalipse 20:4-5, ao escrever que certas pessoas "ressuscitaram e reinaram com Cristo durante mil anos" (O restante dos mortos não voltou a viver até se completarem os mil anos.) Muitos cristãos denominam esse período de "o milênio" e normalmente adotam um dos três pontos de vista sobre o tempo e a natureza dessa era.

Ponto de vista 1 – Amilenarista

O milênio é agora e quando terminar Jesus voltará

A visão mais simples do milênio é que Apocalipse 20:1-6 descreve não um futuro, mas a era atual da igreja. Os cristãos que apoiam essa abordagem acreditam que muitos ou todos os sinais mencionados anteriormente ocorreram no início da história da igreja e que Cristo realmente poderia retornar a qualquer momento.

De acordo eles, quando João escreve que eles "reinaram com Cristo durante mil anos" (Apocalipse 20:4), isso significa que os cristãos que já morreram estão reinando hoje com Cristo em um sentido espiritual (ver Mateus 28:18, onde Jesus disse: "Foi-me dada toda a autoridade no céu e na Terra" e Efésios 2:6, onde é dito que estamos assentados com Cristo "nos lugares celestiais").

Uma vez que os eventos de Apocalipse 20 estão sendo cumpridos na igreja, o período de mil anos que João menciona em Apocalipse 20:4-5 é uma figura de linguagem para um longo período de tempo, ou seja, toda a era da igreja desde o Pentecostes até o retorno de Cristo.

Essa interpretação diz que Satanás, que em Apocalipse 20:2-3 está "acorrentado" e lançado num abismo para não mais enganar as nações, tem seu poder significantemente reduzido durante o ministério de Cristo na Terra (Mateus 12:28-29; Lucas 10:18). O fato de que alguém como Paulo ensinar todas as nações gentílicas "a respeito do Senhor Jesus Cristo, abertamente e sem impedimento algum" (Atos 28:31), é uma demonstração de que Satanás foi "acorrentado" para não mais "enganar as nações".

Esse ponto de vista é frequentemente chamado de visão amilenarista, porque aqueles que o defendem não creem que Apocalipse 20:4-5 ensine que um reino futuro de mil anos ocorra antes ou depois do retorno de Jesus. Em vez disso, eles acreditam que, quando Jesus voltar, haverá uma ressurreição tanto de santos como de ímpios. Os que creram em Jesus vão para o céu, ao passo que os incrédulos enfrentarão o juízo final e a condenação eterna. Nesse tempo, os novos céus e a nova Terra serão criados e permanecerão por toda a eternidade. Um argumento em favor dessa visão é que ela se apresenta muito simples e descomplicada: Cristo volta, há um julgamento e nós viveremos em novos céus e nova Terra para sempre.

Ponto de vista 2 – Pós-milenarista

O milênio ocorrerá gradualmente e Jesus voltará logo após esse período

Outros cristãos acreditam que Jesus retornará após os mil anos mencionados em Apocalipse 20:4-5. À medida que a igreja crescer e os cristãos continuarem a ter mais e mais influência, a sociedade começará a viver cada vez mais de acordo com os padrões divinos. Gradualmente, uma "era milenar" de grande paz e justiça (não necessária e literalmente de mil anos) surgirá na Terra. Cristo não vai reinar fisicamente na Terra durante esse período; em vez disso, os cristãos exercerão tremenda influência na sociedade, e o reinado de Cristo ocorrerá mediante essa influência.

Os que defendem essa interpretação dão ênfase a versículos que mostram como o reino de Deus se expande silenciosamente, mas de forma constante, desde um pequeno começo até o grande final. Por exemplo, há a parábola da semente de mostarda que se tornou uma grande árvore (Mateus 13:31-32), e a declaração de Jesus de que "o reino dos céus é como o fermento que uma mulher tomou e misturou com uma grande quantidade de farinha, e toda a massa ficou fermentada" (Mateus 13:33).

Os pós-milenaristas também enfatizam a declaração de Jesus: "foi-me dada toda a autoridade no céu e na Terra" (Mateus 28:18) e esperam que, como resultado, o reino de Deus continue a avançar com grande poder em toda a Terra até que se estabeleça nela um governo milenário.

De acordo com essa visão, Jesus retornará no final dessa era milenar, então, haverá uma ressurreição tanto de cristãos como de incrédulos. Aqueles que creem em Cristo vão para o céu; eles não enfrentarão o julgamento final e a condenação eterna. Naquele tempo, os novos céus e a nova Terra terão início e permanecerão por toda a eternidade, e Cristo estará pessoalmente na Terra para reinar. Essa abordagem é chamada de visão pós-milenarista porque o retorno de Cristo e o reino acontecerão após o futuro milênio.

Ponto de vista 3 – Pré-milenarista

O milênio virá repentinamente e Jesus retornará antes desse período

Por fim, há cristãos que acreditam que Jesus retornará antes dos eventos de Apocalipse 20:1-10. Essa é chamada de visão pré-milenarista, porque afirma que Cristo retornará antes do milênio. Ela também entende que antes do retorno de Jesus haverá um tempo de grande sofrimento na Terra, às vezes chamado de grande tribulação (ver Mateus 24:21-31).

De acordo com a visão pré-milenarista, Cristo retornará e reinará pessoalmente na Terra pelos mil anos mencionados em Apocalipse 20:4-5 (não necessariamente uma era literal de mil anos). Quando Cristo retornar para iniciar seu reinado milenar, todos os que creram nele serão ressuscitados dentre os mortos para reinar com ele. Esse é o significado de Apocalipse 20:4: "Eles ressuscitaram e reinaram com Cristo durante mil anos".

Durante esse milênio, Satanás e seus demônios serão completamente impedidos de exercer toda a influência na Terra, conforme descrito em Apocalipse 20:1-3: "Vi descer do céu um anjo que trazia na mão a chave do abismo e uma grande corrente. Ele prendeu o dragão, a antiga serpente, que é o diabo, Satanás, e o acorrentou por mil anos; lançou-o no abismo, fechou-o e pôs um selo sobre ele, para assim impedi-lo de enganar as nações até que terminassem os mil anos. Depois disso, é necessário que ele seja solto por um pouco de tempo".

Como Jesus reinará em paz e justiça sobre a Terra, muita gente no planeta se voltará para ele para sua salvação. Mas ainda haverá incrédulos na Terra, como houve alguns que "duvidaram" depois de terem visto Jesus em seu corpo ressurreto (Mateus 28:17). Alguns não vão acreditar porque fé verdadeira é algo que deve vir de um coração internamente transformado e não pode ser compelida, mesmo por evidências externas extremadas e argumentos. Mesmo sem qualquer influência de Satanás ou de demônios em tudo sobre toda a Terra, haverá ainda pessoas que praticarão o mal, mostrando que seu pecado não é causado por Satanás, mas responsabilidade de seres humanos que fazem o mal.

Segundo a visão pré-milenarista, após o reinado de mil anos de Cristo na Terra ocorrerá o juízo final, e aqueles que creram em Jesus continuarão a reinar eternamente com ele; aqueles que o rejeitaram serão condenados por toda a eternidade.

A Bíblia parece apoiar essa posição mais do que as outras. Essa é uma leitura fácil e natural de Apocalipse 20:1-6, e muitos a têm entendido assim desde a igreja primitiva. Além disso, passagens do Antigo Testamento como Isaías 65:20 indicam um tempo futuro. Isso é muito diferente desta era em que o pecado e a morte ainda não foram removidos. "Nunca mais haverá nela uma criança que viva poucos dias, e um idoso que não complete os seus anos de idade; quem morrer aos cem anos ainda será jovem, e quem não chegar aos cem será maldito". Outras passagens como Salmos 72:8-14; Isaías 11:2-9; Zacarias 14:6-21; 1Coríntios 15:24 e Apocalipse 2:27; 12:5 e 19:15 parecem indicar um período de tempo em que o reinado de Cristo sobre todas as coisas é visto de maneira mais ampla, mas o pecado e o mal ainda existem na Terra. Isso se encaixa na imagem do futuro reinado milenário de Cristo.

Além disso, um reino futuro de Cristo, mas não definitivo, é apoiado por passagens como Apocalipse 2:26-27, que indicam um domínio com "vara de ferro" sobre um povo rebelde. Esse tipo de governo é indicativo de um reinado pré-milenário de Cristo. Ele parece estar bem apoiado por outras passagens do Novo Testamento, afirmando que os crentes em Jesus reinarão sobre a Terra com ele em algum tempo futuro (Lucas 19:17,19; 1Coríntios 6:3; Apocalipse 2:26-27; 3:21).

Uma variação da visão pré-milenária teve muitos seguidores nos Estados Unidos. Diante do fato de que ela afirma que Cristo voltará antes da "grande tribulação" mencionada em Mateus 24:21-31, essa abordagem é denominada visão pré-tribulacional pré-milerária. Os que a defendem acreditam que Cristo realmente retornará duas vezes: uma vez de maneira invisível para arrebatar subitamente os cristãos do mundo e então, sete anos mais tarde, o segundo e público retorno, quando levará os cristãos consigo para os mil anos mencionados em Apocalipse 20:4-5). Durante os sete anos em que Cristo e os cristãos estiverem ausentes da Terra, haverá um tempo de grande tribulação quando a vasta maioria do povo judeu vai confiar em Cristo como seu Messias e pregar o evangelho àqueles que ficaram na Terra.

A dificuldade com essa posição é que ela é difícil de ser conciliada com qualquer passagem que se refira a um retorno secreto de Cristo. Os versículos que falam da volta de Cristo sempre se referem a ela em termos de um evento público, muito visível, tais como 1Tessalonicenses 4:16: "Pois, dada a ordem, com a voz do arcanjo e o ressoar da trombeta de Deus, o próprio Senhor descerá do céu".

O Rei Vitorioso

Talvez não seja surpresa que os cristãos tenham diferenças em relação a suas visões de futuro. Isso se deve em parte ao assunto fundamental: o futuro é algo obscuro para nós, já que ainda não aconteceu! Mas, independentemente do tempo da vinda de Cristo, todos os cristãos acreditam que a vitória final sobre Satanás (descrita em Apocalipse 20:7-10) acontecerá no futuro. Creem que Satanás "será solto de sua prisão" (Apocalipse 20:7) a fim de reunir para a batalha aqueles a quem ele enganou. Nessa batalha derradeira, Jesus derrotará Satanás e seu exército de uma vez por todas. Então, Satanás será "lançado no lago de fogo que arde com enxofre", onde será atormentado "dia e noite, para todo o sempre" (Apocalipse 20:10). No final da última batalha, Jesus, o rei vitorioso, executará seu julgamento final. Então, ele reinará para sempre e sempre.

Como Jesus disse a João, isso é algo em que os cristãos podem depositar grande esperança, porque suas palavras são "dignas de confiança e verdadeiras" (Apocalipse 22:6). Jesus disse: "Eis que venho em breve! A minha recompensa está comigo, e eu retribuirei a cada um de acordo com o que fez" (Apocalipse 22:12). A resposta daqueles que creem em Jesus, independentemente de sua interpretação de Apocalipse 20:1-6, deve ser como a de João: "Amém. Venha, Senhor Jesus!" (Apocalipse 22:20).

Perguntas para revisão e aplicação

1. Quais são algumas das coisas sobre escatologia em que todos os cristãos deveriam estar de acordo? Quais delas proporcionam a você maior alegria?

2. Quais são algumas das questões relativas à escatologia em que os cristãos diferem? Como eles deveriam lidar com essas diferenças?

3. Reserve um momento para ler Apocalipse 22:12. Em resposta a essa leitura, faça a oração de João conforme encontrada em Apocalipse 22:20.

19. O que é o juízo final?

Após o reinado de mil anos de Cristo (de acordo com qualquer ponto de vista discutido no último capítulo), e depois da derrota final de Satanás e seu exército, Jesus Cristo julgará toda a humanidade assentado em seu "grande trono branco" (Apocalipse 20:11-15).

Esse julgamento é o ponto culminante de muitos juízos precursores ao longo da história, em que Deus recompensou a justiça e penalizou a injustiça (por exemplo, o dilúvio em Gênesis 6-8 ou a ardente destruição de Sodoma e Gomorra em Gênesis 19:1-26). O juízo final é "o dia da ira de Deus, quando se revelará o seu justo julgamento" (Romanos 2:5). É o dia que Deus determinou quando "há de julgar o mundo com justiça" por meio de Cristo (Atos 17:31).

O que acontece no juízo final?

Jesus "é aquele a quem Deus constituiu juiz de vivos e de mortos" (Atos 10:42, ver também 2Timóteo 4:1 e Mateus 25:31-33). Sua "autoridade para executar o juízo" lhe foi dada por Deus (João 5:27). Esse é o "tempo de julgares os mortos e de recompensares os teus servos [...] e de destruir os que destroem a terra" (Apocalipse 11:18). Portanto, nessa ocasião, tanto os que creem em Jesus como aqueles que não creem, serão julgados.

Quanto aos incrédulos, Paulo diz: "Mas haverá ira e indignação para os que são egoístas, que rejeitam a verdade e seguem a injustiça" (Romanos 8:28). Já no Antigo Testamento havia a certeza de que "Deus trará a julgamento tudo o que foi feito, inclusive tudo o que está escondido, seja bom, seja mau" (Eclesiastes 12:14). Aqueles que não olharam para Jesus para serem salvos, serão julgados de acordo com aquilo que fizeram (Apocalipse 20:12). Deus fará justiça. O grau de punição vai variar de acordo com o que cada pessoa fez, pois alguns serão punidos com maior rigor" (Lucas 20:47). Consoante o ensino de Cristo sobre a diferença entre o servo que conhecia a vontade de seu mestre e aquele que a desconhecia (Lucas 12:47-48), a punição vai variar de acordo com o quanto de conhecimento a pessoa possuía dos reclamos divinos.

Nós, os que cremos em Jesus, também "compareceremos diante do tribunal de Deus", para prestar "contas de si mesmo a Deus" (Romanos 14:10-12). Porém, o juízo final dos cristãos não será de punição, mas de recompensa. Jesus promete em João 5:24: "Quem ouve a minha palavra e crê naquele que me enviou, tem a vida eterna *e não será condenado*, mas já passou da morte para a vida". Paulo confirma isso ao escrever em Romanos 8:1: "Agora já não há condenação para os que estão em Cristo Jesus".

Dessa forma, o juízo final não deve ser uma fonte de temor para os crentes, mas sim de encorajamento para que eles tornem seu objetivo "agradar a Deus" (2Coríntios 5:9). Cada pecado que cometemos foi eternamente pago por Cristo e, portanto, eternamente perdoado por Deus. No juízo, receberemos recompensas pelo que temos feito por meio do corpo, quer sejam obras boas, quer sejam más (2Coríntios 5:10). O mal findará e o bem será recompensado (1Coríntios 3:12-15).

Embora haja graus de recompensa no céu, a alegria de todos será completa. Isso ocorre porque a nossa alegria não procederá do que possuímos ou de nosso estado, mas de nosso relacionamento com

Deus. No céu, a nossa alegria em nos deleitarmos completamente em Deus e o gozo de poder estar em sua presença e nos prostrarmos diante de seu trono para adorá-lo será maior do que o maior contentamento encontrado em qualquer recompensa (Apocalipse 4:10-11).

Em vez de promover um espírito de competição, o fato de recebermos uma recompensa pelo que fizemos deveria nos estimular a considerarmos "uns aos outros para incentivar-nos ao amor e às boas obras. Não deixemos de reunir-nos como igreja, segundo o costume de alguns, mas encorajemo-nos uns aos outros, ainda mais quando vocês veem que se aproxima o Dia" (Hebreus 10:24-25).

Os cristãos e não cristãos não são os únicos a serem julgados. Judas 6 e 2Pedro 2:4 nos dizem que os anjos rebeldes também deverão ser julgados; e 1Coríntios 6:3 indica que os anjos bons serão avaliados pelo seu trabalho e serviço.

O propósito do Juízo Final

O juízo final não ocorrerá para que Deus possa determinar a condição do coração de cada pessoa, pois ele sabe disso antes do início dos tempos. Em vez disso, o juízo final terá lugar para que o Senhor possa revelar sua glória a toda a humanidade pela demonstração simultânea de sua justiça e misericórdia.

O juízo final será inteiramente justo, e cada pessoa, quer destinada à glória eterna ou à condenação eterna, será tratada mais justamente no tribunal final do que em qualquer momento anterior. Deus julgará "imparcialmente as obras de cada um" (1Pedro 1:17), "pois em Deus não há parcialidade" (Romanos 2:11). Ele será tão glorificado em seu julgamento final que aclamaremos: "Aleluia! A salvação, a glória e o poder pertencem a nosso Deus, pois verdadeiros e justos são os seus juízos" (Apocalipse 19:1-2).

A aplicação do Julgamento Final

Em vista de haver um juízo final, temos certeza de que o universo de Deus é justo e satisfaz nosso senso interior da necessidade de justiça no mundo.

O juízo final nos garante que, independentemente do que acontece, Deus está no controle e finalmente dará o destino justo de cada situação. Paulo escreve em Colossenses 3:25: "Quem cometer injustiça receberá de volta injustiça, e não haverá exceção para ninguém".

Portanto, à luz do juízo final, os cristãos devem ser capazes de se perdoar livremente, pois sabemos que todas as explicações serão dadas nesse dia, e todos os erros serão corrigidos. Por haver um juízo final, os cristãos nunca deveriam procurar vingar-se, mas, em vez disso, "deixem com Deus a ira, pois está escrito: 'Minha é a vingança; eu retribuirei', diz o Senhor" (Romanos 12:19). Quando somos injustiçados, podemos desejar a justiça de Deus, pedindo que ele a execute em nosso favor. Podemos confiar que a punição devida ao ofensor será executada e cairá ou sobre os ombros de Cristo ou sobre os ombros do ofensor por toda a eternidade. Quando agimos dessa maneira, estamos seguindo o exemplo de Cristo, pois, "quando insultado, não revidava; quando sofria, não fazia ameaças, mas entregava-se àquele que julga com justiça" (1Pedro 2:23).

O juízo final também nos proporciona motivação para viver cada dia em obediência a Deus e, assim, acumular tesouros no céu (Mateus 6:20). Embora esses tesouros não nos obtenham salvação, eles nos recompensam pelo bem que fizemos.

O juízo final também nos dá encorajamento para contar aos outros sobre as boas-novas de Jesus. A delonga no retorno do Senhor e no juízo final é porque Deus não deseja "que ninguém pereça, mas que todos cheguem ao arrependimento" (2Pedro 3:9).

Portanto, aqueles que creem em Jesus devem compartilhar com os outros as boas-novas em que acreditam. As claras advertências da

Bíblia sobre o juízo final devem desafiar os incrédulos a abandonar seus pecados e olharem para Jesus em busca de salvação.

E quanto ao inferno?

No julgamento final, aqueles que rejeitaram as reivindicações de Jesus vão para o lugar de punição eterna, o qual, de acordo com a Bíblia, chama-se inferno.

As descrições da Bíblia sobre o inferno são difíceis de ler e devem ser profundamente perturbadoras para nós. Jesus fala do inferno como "o fogo eterno, preparado para o diabo e os seus anjos" (Mateus 25:41). É um lugar "onde o seu verme não morre, e o fogo não se apaga" (Marcos 9:48). Um "lugar de tormento" (Lucas 16:28). João nos diz que é um lugar em que aqueles que rejeitaram a Jesus, juntamente com o diabo e seus anjos, também beberão "do vinho do furor de Deus que foi derramado sem mistura no cálice da sua ira" e serão atormentados com enxofre ardente na presença dos santos anjos e do Cordeiro (Apocalipse 14:10). "A fumaça do tormento de tais pessoas sobe para todo o sempre [...] não há descanso, dia e noite" (Apocalipse 14:11).

É bem verdade que nós, que cremos em Cristo, não devemos ter medo do inferno, mas sim pensar nisso com grande solenidade e tristeza. Mesmo o próprio Deus diz: "Não tenho prazer na morte dos ímpios" (Ezequiel 33:11). Embora seja difícil pensar nisso, a doutrina do inferno é tão claramente ensinada nas Escrituras que não parece haver nenhuma maneira aceitável de negá-la e ainda crer na Palavra de Deus. Além do que, num universo onde há um mal profundo e terrível que clama pela justa ira de um Deus justo e santo, devemos também perceber que o mal não pode simplesmente ficar impune. Todos os juízos de Deus são retos e justos, porque "o Senhor é justo [...] nele não há injustiça" (Salmos 92:15).

Perguntas para revisão e aplicação

1. O que acontece com os cristãos no juízo final? O que acontecerá com aqueles que rejeitaram os apelos de Jesus?

2. Como a compreensão do juízo final afeta sua vida hoje? E o modo como você se relaciona com os outros?

3. O que a Bíblia nos diz sobre o inferno? Como sua compreensão do inferno faz você se sentir? Por que isso lhe causa tal sensação?

20. O que é o céu?

Após o juízo final, aqueles que creem em Jesus entrarão no pleno gozo da vida pela qual ansiaram e ouvirão Jesus dizer: "Venham, benditos de meu Pai! Recebam como herança o Reino que lhes foi preparado desde a criação do mundo" (Mateus 25:34), e eles viverão por toda a eternidade na presença de Deus. Embora as pessoas se refiram a esse reino como simplesmente "céu", a Bíblia realmente pinta uma imagem ainda mais rica de um novo céu e uma nova Terra.

A Bíblia promete uma criação totalmente renovada. Serão "os novos céus e a nova terra" que Deus fará (Isaías 66:22), um lugar tão exuberante, maravilhoso e novo que "as primeiras coisas" — como morte, dor, tristeza e sofrimento — "não serão lembradas. Jamais virão à mente!" (Isaías 65:17). É um lugar em que os céus e a terra se juntarão (Apocalipse 21:2), e uma voz vinda do trono de Deus anunciará: "Agora o tabernáculo de Deus está com os homens, com os quais ele viverá. Eles serão os seus povos; o próprio Deus estará com eles e será o seu Deus" (Apocalipse 21:3).

O céu e a Terra renovados

A Bíblia frequentemente se refere ao lugar em que Deus atualmente habita como "céu". Por exemplo, Jesus ensinou os discípulos a orar: "Pai nosso que estás no céu" (Mateus 6: 9). Pedro diz que Jesus "subiu ao céu e está à direita de Deus" (1Pedro 3:22). O céu é o lugar em que Deus mais plenamente faz conhecida a sua presença para abençoar. Embora ele esteja em todos os lugares, sua presença para abençoar é mais claramente vista no céu, e sua glória mais nitidamente vista ali. O céu é o único lugar em que todos o adoram.

Além de fazer um céu renovado, Deus restaurará sua criação terrestre — a Terra e os que habitarão nela (2Pedro 3:13; Apocalipse 21:1). Paulo escreve em Romanos 8:21: "A própria natureza criada será libertada da escravidão da decadência em que se encontra para a gloriosa liberdade dos filhos de Deus"; Não mais haverá "espinhos e ervas daninhas" (Gênesis 3:18), com os quais Deus julgou o pecado, nem haverá outras distorções da natureza que trazem destruição, tais como furacões, tornados, inundações, secas e terremotos. O paraíso será restaurado.

Aqueles que vivem na Terra renovada terão corpos novos e glorificados que nunca envelhecerão, se debilitarão ou enfermarão. Com a maldição do pecado removida, toda a criação será devolvida a seu estado original, que era "muito bom" (Gênesis 1:31).

A vida nos céus e Terra renovados incluirá muitas das coisas boas da vida aqui na Terra, só que muito melhores: todos comerão e beberão na ceia das bodas do Cordeiro (Apocalipse 19: 9); Jesus uma vez mais beberá vinho com seus discípulos (Lucas 22:18); o "rio da água da vida" fluirá no "meio da rua principal da cidade; e a "árvore da vida" produzirá doze tipos de frutos, um a cada mês. (Apocalipse 22:1-3).

A música certamente tem destaque nas descrições de Apocalipse sobre o céu. Parece que a música e outras atividades artísticas serão executadas com toda a excelência para a glória de Deus. Os seres humanos provavelmente continuarão a exercer domínio sobre a Terra e seus recursos por meios criativos, inventivos e tecnológicos, refletindo sua criação à imagem de Deus. E, embora os seres humanos em seu novo corpo sejam semelhantes a Deus, eles não serão Deus. Por exemplo, não teremos conhecimento infinito, mas continuaremos pelos dias da eternidade a crescer no conhecimento de Deus, que é o único infinito (Colossenses 1:10).

Por fim, os céus e Terra renovados serão lugares em que poderemos desfrutar plenamente dos "tesouros nos céus" (Mateus 6:20), que acumulamos para nós durante nossa vida na Terra. É um maravilhoso estímulo para nós fazermos "o bem a todos, especialmente aos da família da fé" (Gálatas 6:10). Assim, como crentes em Cristo, devemos viver uma vida "santa e temente a Deus" enquanto "esperamos novos céus e nova Terra, onde habita a justiça. (2Pedro 3:11,13).

A incontestável glória de Deus

Além de ser um ambiente de inimaginável beleza, o céu será um lugar em que a glória de Deus se mostrará tão inegavelmente evidente que toda a criação funcionará em plena cooperação com sua vontade. Portanto, o mundo não será mais "quebrantado"; ele funcionará conforme o plano original. Todas as pessoas lá também não serão mais "arruinadas", pois trabalharão, agirão e se relacionarão umas com as outras, assim como deveria ter sido desde o princípio. Não haverá qualquer dor, tristeza, sofrimento ou tragédia, porque o próprio Deus habitará com o seu povo. "Ele enxugará dos seus olhos toda lágrima. Não haverá mais morte, nem tristeza, nem choro, nem dor, pois a antiga ordem já passou" (Apocalipse 21:4).

Mas ainda mais emocionante será o fato de que a comunhão de Deus conosco não sofrerá impedimentos. Poderemos sempre interagir com ele e adorá-lo da maneira como fomos criados para fazer. A cidade não terá necessidade de luz, "pois a glória de Deus a ilumina, e o Cordeiro é a sua candeia" (Apocalipse 21:23). Esse será o cumprimento do propósito de Deus em nos chamar "para a sua própria glória e virtude" (2Pedro 1:3). Para sempre habitaremos "diante da sua glória sem mácula e com grande alegria" (Judas 24). (ver também Romanos 8:18; 1Coríntios 15:43; 2Coríntios 4:17; 1Tessalonicenses 2:12; 1Pedro 5:4,10.)

Nossa maior alegria será vermos o seu rosto (Apocalipse 22:4). A visão da face divina será o cumprimento de tudo o que sabemos ser bom, reto e desejável no Universo e nela veremos e experimentaremos o cumprimento de todos os anseios que sempre tivemos — desejo de conhecer amor perfeito, a paz e a alegria, a verdade e a justiça, a santidade e a sabedoria, a bondade e o poder, a glória e a formosura. Descobriremos que na presença de Deus há "alegria plena", e a sua direita "eterno prazer" (Salmos 16:11).

Perguntas para revisão e aplicação

1. Você pode listar algumas coisas que a Bíblia fala sobre o céu?

2. De que maneiras a descrição bíblica do céu o surpreende, estimula e o faz ansiar por ele ainda mais?

3. Reserve um momento para orar, agradecendo a Deus pelos aspectos específicos do céu.

Apêndice 1

Confissões históricas de fé

Este apêndice reedita três das confissões de fé mais significativas da igreja primitiva: o Credo dos Apóstolos (terceiro e quarto séculos d.C.); o Credo Niceno (325-381 d.C.); e o Credo Calcedoniano (451 d.C.). Também inclui a Declaração de Chicago Sobre a Inerrância Bíblica (1978), porque ela foi o produto de uma conferência representativa de ampla variedade de tradições evangélicas e obteve ampla aceitação como padrão doutrinário valioso sobre uma questão moderna e atual de controvérsia na igreja.

Credo Apostólico (terceiro e quarto séculos d.C.)

Creio em Deus, o Pai Todo-Poderoso; Criador do céu e da Terra, e em Jesus Cristo, seu único Filho, nosso Senhor; que foi concebido pelo Espírito Santo* nascido da Virgem Maria; que sofreu

* Usei a tradução moderna "Espírito Santo" em lugar da nomeação arcaica "Holy Ghost" (literalmente "Fantasma Santo"), utilizada nos antigos credos.

sob Pôncio Pilatos, foi crucificado, morto e sepultado,* ressuscitou dos mortos ao terceiro dia; subiu ao céu e está sentado à direita de Deus, o Pai Todo-Poderoso; de onde virá a julgar os vivos e os mortos. Creio no Espírito Santo; na santa igreja católica, na comunhão dos santos, na remissão dos pecados, na ressurreição da carne e na vida eterna. Amém.

O Credo Niceno (325 d.C., revisado em Constantinopla em 381 d.C.)

Creio em um Deus Pai Todo-Poderoso; Criador do Céu e Terra e de todas as coisas visíveis e invisíveis. E em um só Senhor Jesus Cristo, o unigênito Filho de Deus, gerado do Pai antes de todos os mundos, Deus dos deuses, Luz da luz, verdadeiro Deus do verdadeiro Deus, gerado, não criado, consubstancial ao Pai; por quem todas as coisas foram feitas; quem, para nós homens e nossa salvação, desceu do céu e encarnou-se pelo Espírito Santo na Virgem Maria, e feito homem; foi crucificado também por nós sob Pôncio Pilatos; sofreu e foi sepultado; ressurgiu ao terceiro dia, de acordo com as Escrituras; e subiu ao céu, e assentando-se à direita do Pai; ele deve retornar em glória para julgar os vivos e os mortos e cujo reino não terá fim. E no Espírito Santo, Senhor e Doador da Vida; que procede do Pai e do Filho,** que juntamente com o Pai e Filho, é adorado e glorificado e quem falou pelos profetas. E na Santa Igreja Católica Apostólica. Reconheço um batismo para a remissão

---

* Não inclui a frase "desceu aos infernos" porque não é atestado nas mais antigas versões do Credo Apostólico, e em virtude das dificuldades doutrinárias a ela ligadas.

** A frase "e do Filho" foi acrescentada após o Concílio de Constantinopla, em 381 d.C., mas é normalmente incluída no texto do Credo Niceno, que é usado pelas igrejas protestantes e católicas hoje. A frase não está incluída no texto utilizado pelas igrejas ortodoxas.

dos pecados e aguardo a ressurreição dos mortos e a vida no mundo por vir. Amém.

O Credo Calcedoniano (451 d.C.)

Nós, então, seguindo os Santos Padres, todos em consenso, ensinamos aos homens que confessem o único e próprio Filho, nosso Senhor Jesus Cristo, ele mesmo perfeito em divindade e também perfeito em humanidade; verdadeiramente Deus e verdadeiramente homem, de alma e corpo aceitáveis; consubstancial com o Pai de acordo com a divindade e consubstancial conosco de acordo com a humanidade; em todas as coisas semelhante a nós, sem pecado; gerado antes de todas as eras do Pai, conforme a divindade, e nestes últimos dias para nós e para a nossa salvação, nascido da Virgem.

Maria, a Mãe de Deus, conforme a humanidade; um e o mesmo Cristo, Filho, Senhor, Unigênito, para ser reconhecido em duas naturezas, inconfundível, imutável e indivisível, inseparável; a distinção das duas naturezas não é de modo algum anulada pela união, mas sim a propriedade de cada natureza sendo preservada e concorrente em uma pessoa e uma subsistência, não dividida ou apartada em duas pessoas, mas um e o mesmo Filho unigênito, Deus, o Verbo, o Senhor Jesus Cristo, como os profetas desde o início declararam a seu respeito, e o próprio Senhor Jesus Cristo nos ensinou, e o Credo dos Santos Padres a nós transmitido.

A Declaração de Chicago Sobre a Inerrância Bíblica (1978)

Prefácio

A autoridade da Escritura é questão fundamental para a igreja cristã nesta e em todas as outras épocas. Aqueles que professam fé em Jesus Cristo como Senhor e Salvador são chamados a demonstrar a realidade do seu discipulado de maneira humilde e obediente à Palavra escrita de Deus. Desviar-se da Escrituras em termos de fé ou conduta é deslealdade para com nosso Mestre. O reconhecimento da verdade total e a confiabilidade da Sagrada Escritura é essencial para uma compreensão completa e confissão adequada de sua autoridade.

A seguinte declaração afirma novamente a inerrância da Escritura, deixando clara nossa compreensão e alertando contra a sua negação. Estamos persuadidos de que negá-la é deixar de lado o testemunho de Jesus Cristo e do Espírito Santo, e recusar submissão às reivindicações da própria Palavra de Deus, que assinala a verdadeira fé. Vemos como nosso dever pontual fazer essa afirmação em face da negligência atual da verdade da inerrância entre os nossos amados irmãos e a incompreensão dessa doutrina no mundo em geral.

Esta declaração consiste em três partes: uma *Declaração resumida*, *Artigos de afirmação e negação*, e uma *Exposição anexada* [não incluída neste apêndice]. Ela foi preparada no curso de uma consulta de três dias em Chicago. Aqueles que assinaram a Declaração Resumida e os artigos desejam afirmar sua própria convicção quanto à inerrância da Escritura e incentivar e desafiar uns aos outros e todos os cristãos a uma crescente apreciação e compreensão dessa doutrina.

Reconhecemos as limitações de um documento preparado em meio de uma breve conferência intensiva e não propomos que essa

Declaração tenha o peso de um credo. No entanto, regozijamo-nos pelo aprofundamento de nossas próprias convicções por meio de nossas discussões conjuntas, e oramos para que a Declaração que assinamos possa ser usada para a glória de nosso Deus, com vistas a uma nova reforma da igreja em sua fé, vida e missão.

Apresentamos esta Declaração num espírito, não de contenda, mas de humildade e amor, a qual propomos, pela graça de Deus, manter em qualquer futuro diálogo decorrente do que dissemos. Com prazer reconhecemos que muitos que negam a inerrância da Escritura, não expõem as consequências dessa negativa no restante de suas crenças e comportamento, e estamos conscientes de que confessamos essa doutrina que muitas vezes negamos por não submeter nossos pensamentos e ações, tradições e hábitos em verdadeira sujeição à Palavra divina.

Convidamos que qualquer um e todos reajam a essa declaração apresentando razões para promover emendas a suas afirmações sobre a Escritura, seguindo a luz da própria Escritura, sob cuja autoridade infalível permanecemos enquanto falamos. Não reivindicamos nenhuma infalibilidade pessoal em testemunho do que mencionamos, e pedimos ajuda que nos capacite a fortalecer o testemunho da Palavra de Deus, pela qual somos antecipadamente gratos.

I. Declaração Resumida

1. Deus, que é ele próprio a verdade e só fala a verdade, inspirou a Sagrada Escritura a fim de se revelar à humanidade perdida por meio de Jesus Cristo como Criador e Senhor, Redentor e Juiz. A Escritura é o testemunho de Deus a si mesmo.

2. A Sagrada Escritura, sendo a própria Palavra de Deus, escrita por homens habilitados e supervisionados pelo seu Espírito, é

de infalível autoridade divina em todos os assuntos sobre os quais discorre; deve ser crida como instrução de Deus em tudo quanto afirma; obedecida como mandamento divino em tudo o que requer; acatada como compromisso divino em tudo o que promete.

3. O Espírito Santo, o autor divino da Escritura, tanto a autenticou para nós mediante seu testemunho interior, como abre nossa mente para entender seu significado.

4. Sendo total e verbalmente dada por Deus, a Escritura não contém erros ou falhas em todos os seus ensinamentos, e não menos no que se refere aos atos de Deus na criação, nos eventos da história mundial e em suas próprias origens literárias sob Deus, assim como em seu testemunho da graça salvadora de Deus nas vidas.

5. A autoridade das Escrituras é inevitavelmente prejudicada se essa inerrância divina total for de algum modo limitada ou desconsiderada, ou tornada relativa por uma visão da verdade contrária à própria Bíblia; e tais lapsos produzem grave perda tanto para o indivíduo como para a igreja.

II. Artigos de afirmação e negação

Artigo I

Afirmamos que as Sagradas Escrituras devem ser recebidas como autorizada Palavra de Deus.

Negamos que as Escrituras recebam sua autoridade da igreja, tradição ou qualquer outra fonte humana.

Artigo II

Afirmamos que as Escrituras são a suprema norma escrita pela qual Deus liga a consciência, e que a autoridade da igreja está subordinada à da Escritura.

Negamos que credos, concílios ou declarações da igreja tenham autoridade maior ou igual à da Bíblia.

Artigo III

Afirmamos que a Palavra escrita é, em sua totalidade, a revelação dada por Deus.

Negamos que a Bíblia seja meramente um testemunho da revelação, ou apenas se torna revelação no encontro, ou dependa das respostas dos homens para sua validade.

Artigo IV

Afirmamos que Deus, que criou a humanidade à Sua imagem, usou a linguagem como um meio de revelação.

Negamos que a linguagem humana seja tão limitada por nossa natureza que se torna muito inadequada como veículo da revelação divina. Negamos ainda que a corrupção da cultura e linguagem humanas por causa do pecado tenha frustrado a obra de inspiração de Deus.

Artigo V

Afirmamos que a revelação de Deus nas Sagradas Escrituras foi progressiva.

Negamos que a revelação posterior, que pode complementar a revelação anterior, sempre a corrige ou contradiz. Negamos ainda que qualquer revelação normativa tenha sido dada desde a conclusão dos escritos do Novo Testamento.

Artigo VI

Afirmamos que o todo da Escritura e todas as suas partes, até as próprias palavras do original, foram dadas por inspiração divina.

Negamos que a inspiração das Escrituras possa com correção ser afirmada pelo todo sem as partes, ou de algumas partes, mas não o todo.

Artigo VII

Afirmamos que a inspiração foi a obra pela qual Deus, por seu Espírito e por meio de escritores humanos, nos deu a Sua Palavra. A origem das Escritura é divina. A maneira de inspiração divina permanece grandemente um mistério para nós.

Negamos que a inspiração possa ser reduzida à perspectiva humana ou a alterados estados de consciência de qualquer espécie.

Artigo VIII

Afirmamos que Deus, em sua obra de inspiração, utilizou as personalidades e os estilos literários dos escritores que escolheu e preparou.

Negamos que Deus, ao fazer com que esses escritores usassem as próprias palavras que ele escolheu, tenha passado por cima de suas personalidades.

Artigo IX

Afirmamos que a inspiração, embora não confira onisciência, garantiu a verdade e a confiabilidade das declarações acerca de todos os assuntos sobre os quais os autores da Bíblia foram movidos a falar e a escrever.

Negamos que a finitude ou decaimento desses escritores, por necessidade ou de outra forma, tenha introduzido distorções ou falsidades na Palavra de Deus.

Artigo X

Afirmamos que a inspiração, estritamente falando, aplica-se ao texto autográfico da Escritura, que na providência de Deus pode ser verificado com grande precisão nos manuscritos disponíveis. Ainda afirmamos que cópias e traduções da Escritura são a Palavra de Deus, na medida em que representam fielmente o original.

Negamos que qualquer elemento essencial da fé cristã seja afetado pela ausência dos autógrafos. Negamos ainda que essa ausência torne inválida ou irrelevante a afirmação da inerrância bíblica.

Artigo XI

Afirmamos que a Escritura, dada por inspiração divina, é infalível, de modo que, longe de nos enganar, é verdadeira e confiável em todos os assuntos que aborda.

Negamos ser possível que a Bíblia seja, ao mesmo tempo, infalível e erradia em suas afirmações. Infalibilidade e inerrância podem ser distintas, mas não separadas.

Artigo XII

Afirmamos que a Escritura, em sua totalidade, é inerrante, estando livre de toda falsidade, fraude ou engano.

Negamos que a infalibilidade bíblica e a inerrância estejam limitadas a temas espirituais, religiosos ou redentores, excluindo as asserções nos campos da história e da ciência. Negamos ainda que as hipóteses científicas sobre história da Terra possam ser adequadamente usadas para revogar o ensino da Escritura sobre a criação e o dilúvio.

Artigo XIII

Afirmamos a propriedade de utilizar a inerrância como um termo teológico, com referência à veracidade completa da Escritura.

Negamos que seja apropriado avaliar as Escrituras de acordo com os padrões de verdade e erro estranhos a seu uso ou propósito. Negamos que a inerrância seja contrariada pelos fenômenos bíblicos, tais como a falta de moderna precisão técnica, de irregularidades gramaticais ou ortográficas, descrições observacionais da natureza, denúncia de falsidades, uso de hipérboles e números redondos, do arranjo tópico do material, de seleções variantes de material em narrativas paralelas, ou o uso de citações livres.

Artigo XIV

Afirmamos a unidade e a consistência interna da Escritura.

Negamos que supostos erros e discrepâncias que ainda não foram solucionados viciem a verdade das reivindicações da Bíblia.

Artigo XV

Afirmamos que a doutrina da inerrância é fundamentada no ensino bíblico sobre inspiração.

Negamos que os ensinos de Jesus sobre a Escritura possam ser desfeitos por apelos à acomodação ou qualquer limitação natural de sua humanidade.

Artigo XVI

Afirmamos que a doutrina da inerrância tem sido parte integrante da fé da igreja ao longo de sua história.

Negamos que a inerrância seja uma doutrina inventada pelo protestantismo escolástico ou uma posição reacionária postulada em resposta às negativas da Alta Crítica.

Artigo XVII

Afirmamos que o Espírito Santo dá testemunho da Escritura, garantindo aos crentes a veracidade da Palavra escrita de Deus.

Negamos que esse testemunho do Espírito Santo opere isoladamente da Escritura ou contra ela.

Artigo XVIII

Afirmamos que o texto da Escritura deve ser interpretado mediante exegese gramático-histórica, tendo em conta suas formas e dispositivos literários, e que a Escritura é a intérprete da própria Escritura.

Negamos a legitimidade de qualquer tratamento de texto ou busca de fontes que estejam por trás disso, as quais levam à relativização, desistoricização ou depreciação de seu ensino, ou ainda rejeição de suas reivindicações de autoria.

Artigo XIX

Afirmamos que a confissão da plena autoridade, infalibilidade e inerrância da Escrituras é vital para a compreensão sólida da integralidade da fé cristã. Afirmamos ainda que essa confissão deve conduzir a uma crescente conformidade com a imagem de Cristo.

Negamos que essa confissão seja necessária para a salvação. Contudo, negamos ainda que a inerrância possa ser rejeitada sem graves consequências tanto para o indivíduo como para a Igreja.

Apêndice 2

Livros para leitura adicional sobre Teologia Sistemática

Alguns leitores podem querer fazer mais estudos sobre os tópicos abordados neste livro. O campo geral para o estudo das crenças cristãs é chamado de "Teologia Sistemática". Para tratamento mais detalhado dos tópicos deste livro e muitos outros, sugiro que os leitores comecem com um dos dois livros mais extensos que escrevi sobre esses assuntos:

GRUDEM, Wayne. *Systematic Theology: An Introduction to Biblical Doctrine.* [Teologia sistemática: uma introdução à doutrina bíblica]. Grand Rapids: Zondervan; Leicester, Reino Unido: Inter-Varsity Press, 1994.

GRUDEM, Wayne. *Bible Doctrine: Essential Teachings of the Christian.* [Doutrina Bíblica: Ensinos Essenciais da Fé Cristã]. Editado por Jeff Purswell. Grand Rapids: Zondervan; Leicester, Reino Unido: Inter-Varsity Press, 1999.

Além desses trabalhos, a seguinte bibliografia elenca outras teologias sistemáticas evangélicas disponíveis em inglês e também algumas guias mais sucintas da doutrina cristã. Indiquei a ampla tradição teológica de cada autor e busquei incluir um ou dois volumes de cada uma das principais tradições teológicas e denominacionais dentro do mundo evangélico.

Com exceção dos dois livros católicos romanos, que incluí para proporcionar algum acesso ao catolicismo romano (o texto teológico tradicional de Ott e o Catecismo de 1994), todos os autores dessa lista se enquadram geralmente na posição teológica "evangélica conservadora".*

BERKHOF, Louis. *Systematic Theology*. [Teologia Sistemática]. Quarta edição. Grand Rapids: Eerdmans, 1939. Em 1996, este livro foi reimpresso com a "Introduction to Systematic Theology [Introdução à Teologia Sistemática] apresentados num só volume.

Esse é o livro-padrão do texto reformado para a teologia sistemática, escrito por um ex-presidente do Calvin Seminary de Grand Rapids, Michigan. Essa obra é um excelente tesouro de informações e análises, e, provavelmente, o livro mais útil apresentado num só volume disponível do ponto de vista de qualquer ótica teológica. Berkhof viveu de 1873 a 1957.

---

* Uma bibliografia muito útil e mais amplamente anotada, incluindo notas sobre obras de vários e proeminentes eruditos liberais, pode ser encontrada em: DAVIS, John Jefferson. *Theology Primer*. [Manual de Teologia[Grand Rapids: Baker, 1981, p. 74-79; ver também seu "Brief Guide to Modern Theologians" [Breve Guia Para os Modernos Teólogos, p. 39 a 55. Além disso, breves notas disponíveis sobre dezenas de importantes teólogos podem ser encontradas em: ERICKSON, Millard. *Concise Dictionary of Christian Theology* [Dicionário Conciso de Teologia Cristã]. Grand Rapids: Baker, 1986. Ver ainda: GRENZ, Stanley J; OLSON, Roger E. *20th Century Theology* [Teologia Para o Século Vinte]. Downers Grove: InterVarsity Press, 1992.

BOICE, James Montgomery. *Foundations of the Christian Faith.* [Fundamentos da Fé Cristã]. Edição revisada em um só volume. Downers Grove: InterVarsity Press, 1986.

Esse recente guia reformado de teologia sistemática foi escrito pelo último pastor-teólogo da Décima Igreja Presbiteriana da Filadélfia. O livro é redigido num estilo popular e legível, com aplicação útil das doutrinas na vida. Foi publicado anteriormente em quatro volumes distintos: *The Sovereign God* [O Deus Soberano] (1978), *God the Redeemer* [Deus, o Redentor] (1978), *Awakening to God* [Despertar para Deus] (1979) e *God and History* [Deus e a História] (1981). Boice viveu de 1938 a 2000.

BOYCE, James Pettigru. *Abstract of Systematic Theology.* [Resumo de Teologia Sistemática]. Edição reimpressa, sem data. Publicado inicialmente em 1887.

Essa teologia sistemática batista também é reformada em sua orientação doutrinária. Boyce (1827 a 1888) foi presidente do Southern Baptist Seminary, de Louisville, Kentucky, e professor de teologia sistemática nessa instituição de ensino.

CALVINO, João. *Institutes of the Christian Religion.* [Institutas da Religião Cristã]. Dois volumes. Editado por John T. McNeill. Traduzido e indexado por Ford Lewis Battles. The Library of Christian Classics, vols. 20 e 21. Filadélfia: Westminster, 1960. Traduzido a partir do texto de 1559 e combinado às primeiras versões.

Essa é a melhor tradução inglesa da exposição sistemática de Calvino sobre a fé cristã. Calvino (1509 a 1564) foi um reformador francês que se tornou o maior teólogo da Reforma e, de acordo com muitas opiniões, o maior teólogo da história da igreja. O livro é reformado em termos de perspectiva doutrinária.

CARTER, Charles W. (ed.). *A Contemporary Wesleyan Theology: Biblical, Systematic, and Practical.* [Uma Teologia Wesleyana Contemporânea: Bíblica, Sistemática e Prática.], dois volumes. Grand Rapids: Francis Asbury Press. Zondervan, 1983.

Essa é uma coleção de vinte e quatro ensaios sobre os principais temas doutrinários abordados por vários eruditos representantes de uma vasta gama de várias denominações e instituições wesleyanas conservadoras. O conjunto também inclui alguns ensaios sobre teologia prática e ética. Charles Carter, que contribuiu com quatro capítulos, foi professor de religião e missões no Marion College (agora Indiana Wesleyan University) em Marion, Indiana. O Comitê Consultivo para os volumes contou com representantes da United Methodist, Free Methodist, Church of the Nazarene, Missionary church, Salvation Army, Wesleyan Church e outras.

CATECISMO DA IGREJA CATÓLICA. Tradução do inglês. San Francisco: Ignatius Press, 1994.

Essa é a melhor declaração atual das posições doutrinárias da Igreja Católica Romana. Foi preparado por uma comissão de cardeais e bispos sob a direção do cardeal Joseph Ratzinger (Papa Bento XVI). Após sua publicação, o Papa João Paulo II escreveu que essa "é uma declaração de fé da igreja e da doutrina católica [...] Declaro que ela é a norma certa para o ensino da fé [...] Esse catecismo é dado [...] para ser um texto de referência autêntico e seguro para o ensino da doutrina católica" (p. 5).

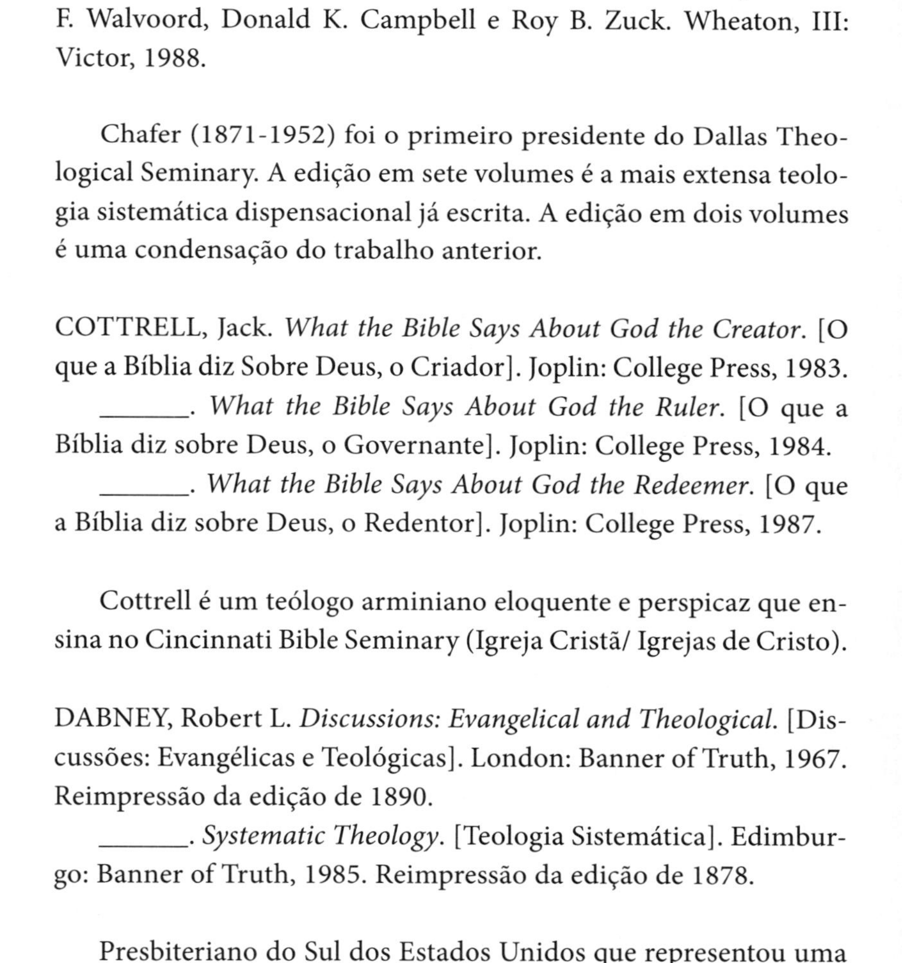

CHAFER, Lewis Sperry. *Systematic Theology.* [Teologia Sistemática]. Sete volumes mais um volume de índice. Dallas: Dallas Seminary Press, 1947-48.

______. *Systematic Theology: Abridged Edition.* [Teologia Sistemática: Edição Abreviada]. Dois volumes. Editado por John F. Walvoord, Donald K. Campbell e Roy B. Zuck. Wheaton, III: Victor, 1988.

Chafer (1871-1952) foi o primeiro presidente do Dallas Theological Seminary. A edição em sete volumes é a mais extensa teologia sistemática dispensacional já escrita. A edição em dois volumes é uma condensação do trabalho anterior.

COTTRELL, Jack. *What the Bible Says About God the Creator.* [O que a Bíblia diz Sobre Deus, o Criador]. Joplin: College Press, 1983.

______. *What the Bible Says About God the Ruler.* [O que a Bíblia diz sobre Deus, o Governante]. Joplin: College Press, 1984.

______. *What the Bible Says About God the Redeemer.* [O que a Bíblia diz sobre Deus, o Redentor]. Joplin: College Press, 1987.

Cottrell é um teólogo arminiano eloquente e perspicaz que ensina no Cincinnati Bible Seminary (Igreja Cristã/ Igrejas de Cristo).

DABNEY, Robert L. *Discussions: Evangelical and Theological.* [Discussões: Evangélicas e Teológicas]. London: Banner of Truth, 1967. Reimpressão da edição de 1890.

______. *Systematic Theology.* [Teologia Sistemática]. Edimburgo: Banner of Truth, 1985. Reimpressão da edição de 1878.

Presbiteriano do Sul dos Estados Unidos que representou uma posição reformada vigorosa, Dabney (1820-98) foi professor de teologia no Union Seminary, na Virgínia. Ele também foi capelão e depois chefe de gabinete do General Stonewall Jackson durante a Guerra Civil Americana.

EDWARDS, Jonathan. *The Works of Jonathan Edwards*. [As Obras de Jonathan Edwards]. Dois volumes. Revisados e corrigidos por Edward Hickman. Edimburgo: Banner of Truth, 1974. Reimpressão da edição de 1834.

Edwards (1703-58) foi pastor em Northampton, Massachusetts, e, durante um mês antes de sua morte (que se deveu a reação provocada por vacina contra varíola), atuou como presidente da Princeton. Alguns o consideram o maior filósofo-teólogo americano. Ele não escreveu uma teologia sistemática completa, mas suas obras contêm escritos sobre a maioria dos tópicos teológicos. Ele se mostra fortemente reformado em sua perspectiva e combina pensamento profundo com devoção ardente a Cristo.

ERICKSON, Millard. *Christian Theology*. [Teologia cristã]. Grand Rapids: Baker, 1985.

Esse é um recente livro de texto claro e muito completo sobre teologia sistemática sob a perspectiva batista. Erickson, que foi decano acadêmico no Bethel Theological Seminary em St. Paul, Minnesota, agora ensina no Southwestern Baptist Seminary, em Fort Worth, Texas. Esse livro inclui interação com todas as principais tendências da teologia contemporânea não evangélica, bem como material útil para aplicação pessoal. Erickson também publicou uma versão condensada dessa obra sob o título *Introducing Christian Doctrine* [Apresentando a Doutrina Cristã], editada por L. Arnold Hustad. Grand Rapids: Baker, 1992.

GARRETT, James Leo. *Systematic Theology: Biblical, Historical, Evangelical.* [Teologia Sistemática: Bíblica, Histórica e Evangélica]. Dois volumes. Grand Rapids: Eerdmans, 1990, 1995.

Garrett é um batista do sul e eminente professor de teologia do Southwestern Baptist Theological Seminary, em Fort Worth, Texas. Ele interage extensivamente e com escrupulosa imparcialidade com autores evangélicos e autores não evangélicos, embora ele próprio esteja firmemente inserido dentro do campo evangélico. Ele é batista em suas convicções, mas dá muito mais espaço para representar claramente posições diferentes em vez de defender sua própria posição. Com 1.530 páginas, esses volumes são um recurso surpreendentemente rico em dados históricos, bibliográficos e bíblicos sobre cada doutrina tratada.

GEISLER, Norman. *Systematic Theology.* [Teologia Sistemática]. Quatro volumes.

Vol. 1: *Introduction/Bible.* [Introdução/Bíblia]. Minneapolis: Bethany House, 2002.

Vol. 2: *God/Creation.* [Deus/Criação]. Minneapolis: Bethany House, 2003.

Vol. 3: *Sin/Salvation.* [Pecado/Salvação]. Minneapolis: Bethany House, 2004.

Vol. 4: *Church/Last Things.* [Igreja/Últimos Eventos]: Minneapolis: Bethany House, 2005.

Geisler é decano do Southern Evangelical Seminary em Charlotte, Carolina do Norte. Esse extenso e detalhado trabalho é a culminância de seus muitos anos de ensino e autoria, enfatizando uma abordagem filosófica da teologia, mas também dando atenção à Escritura, à história da doutrina, e suas críticas aos modernos desvios liberais da teologia ortodoxa.

GRIFFITH Thomas, W. H. *The Principles of Theology: An Introduction to the Thirty-nine Articles.* [Princípios de Teologia: Uma Introdução aos Trinta e Nove Artigos]. Quinta Edição Revisada. London: Church Book Room Press, 1956. Primeira publicação feita em 1930.

Embora esse livro seja estruturado em torno dos 39 Artigos anglicanos (ou episcopais), ele atua bem como um texto introdutório criterioso à doutrina cristã, mesmo para aqueles que não são de tradição anglicana. Ele tem sido amplamente utilizado nos círculos evangélicos britânicos por muitos anos. Griffith Thomas (1861-1924) foi diretor do Wycliffe Hall, Oxford, e também professor de Antigo Testamento no Wycliffe College, Toronto. Ele também desempenhou um papel importante na fundação do Dallas Seminary pouco antes da sua morte.

HENRY, Carl F. H. *God, Revelation, and Authority.* [Deus, Revelação e Autoridade]. Seis volumes. Waco: Word, 1976-83.

Esse é um trabalho importante que contém detalhada interação com centenas de outras posições acadêmicas. Henry (1913-2003) foi um proeminente teólogo evangélico com grande influência, especialmente nas áreas de apologética e teologia filosófica.

HODGE, Charles. *Systematid Theology.* [Teologia Sistemática]. Três volumes. Reimpressão, Grand Rapids: Eerdmans, 1970. Primeira edição, 1871-73.

Essa notável teologia sistemática reformada ainda é amplamente utilizada. Hodge (1797-1878) foi professor de teologia sistemática do Princeton Theological Seminary.

HORTON, Stanley M. (ed.). *Systematic Theology.* [Teologia Sistemática]. Revisão editorial. Springfield: Gospel Publishing House, 1995.

Horton é eminente professor emérito de Bíblia e Teologia no Assemblies of God Theological Seminary de Springfield, Missouri. Esse livro é uma coleção clara e cuidadosamente discutida de dezoito capítulos sobre temas de teologia sistemática por estudiosos pentecostais.

LEWIS, Gordon R.; DEMAREST, Bruce. *Integrative Theology.* [Teologia Integrativa]. Três volumes. Grande Rapids: Zondervan, 1987, 1990, 1994. Publicado em um volume em 1996.

Lewis e Demarest são professores de teologia sistemática no Denver Seminary do Colorado, um seminário batista conservador. Esse é um excelente trabalho contemporâneo que reúne material histórico, bíblico, apologético e prático com teologia sistemática.

LITTON, Edward Arthur. *Introduction to Dogmatic Theology.* [Introdução à Teologia Dogmática]. Editado por Philip E. Hughes. Londres: James Clarke, 1960. Primeira edição publicada em 1882-92.

Essa é uma teologia sistemática anglicana (episcopal) padrão produzida por um teólogo evangélico britânico do século XIX. Litton viveu de 1813 a 1897.

McGRATH, Alister E. *Christian Theology: An Introduction.* [Teologia Cristã: Uma Introdução]. 2. ed. Oxford: Blackwell, 1997.

McGrath é diretor do Wycliffe Hall de Oxford, docente de pesquisa em teologia na Universidade de Oxford e professor de pesquisa em teologia do Regent College, Vancouver. A primeira parte desse proveitoso livro (p. 3-137) fornece uma visão clara da história da doutrina. A segunda parte (p. 141-235) discute fontes e métodos teológicos. A última parte (p. 239-563) trata em ordem temática de assuntos normalmente abrangidos pela teologia sistemática, principalmente com amplo levantamento de pontos de vista antigos e modernos em cada assunto. McGrath não defende uma tradição teológica particular neste livro; em vez disso, explica que "não procura dizer a seus leitores o que acreditar, mas pretende explicar-lhes o que foi crido e equipar sua mente, descrevendo as opções disponíveis e suas origens históricas" (p. xvi).

MILEY, John. *Systematic Theology*. [Teologia Sistemática]. Dois volumes. Library of Biblical and Theological Literature, vols. 5-6. Nova York: Eaton e Mains, p. 1892-94. Reimpressão, Peabody, Mass: Hendrickson, 1989.

Essa é, provavelmente, a teologia sistemática arminiana mais metódica já escrita. Miley (1813-95) foi professor do Drew Theological Seminary de Madison, em Nova Jersey.

MILNE, Bruce. *Know the Truth*. [Conheça a Verdade]. Revisão editorial Leicester, Reino Unido; Downers Grove: InterVarsity Press, 1998.

Esse guia evangélico criterioso e escrito com clareza sobre a doutrina cristã encontrou ampla utilização entre os estudantes. Milne lecionou teologia bíblica e histórica no Spurgeon's College, em Londres, e depois de 1984 a 2001 foi ministro sênior da Primeira Igreja Batista de Vancouver, Colúmbia Britânica, Canadá.

MUELLER, John Theodore. *Christian Dogmatics*. [Dogmática Cristã]. St. Louis: Concordia, 1934.

Esse é um trabalho de condensação e tradução da Christliche Dogmatik (Dogmática Cristã) de Francis Pieper, feito por um professor de teologia sistemática do Concordia Seminary de St. Louis, uma instituição luterana do Missouri Synod. Trata-se de uma excelente declaração da teologia luterana conservadora.

MURRAY, John. *Collected Writings of John Murray*. [Escritos Colecionados de John Murray]. Quatro volumes. Carlisle: Banner of Truth, 1976-82.

______. The *Imputation of Adam's Sin*. [A Imputação do Pecado de Adão]. Nutley: Presbiterian and Reformed, 1977. Primeira edição: Grand Rapids: Eerdmans, 1959.

______. *Redemption Accomplished and Applied*. [Redenção Completada e Aplicada]. Grand Rapids: Eerdmans, 1955.

Murray (1898 — 1975) foi professor de teologia sistemática no Westminster Seminary de Filadélfia e um dos mais fluentes e modernos defensores da teologia reformada.

ODEN, Thomas. *Systematic Theology*. [Teologia Sistemática]. Três volumes.

Vol. 1: *The Living God*. [O Deus Vivo]. San Francisco: Harper & Row, 1987.

Vol. 2: *The Word of Life*. [A Palavra da Vida]. San Francisco: Harper & Row, 1989.

Vol. 3: *Life in Spirit*. [Vida no Espírito]. San Francisco: Harper & Row, 1992.

Oden é um teólogo metodista que se transferiu de suas convicções teológicas liberais anteriores para uma posição evangélica conservadora. Ele é professor de teologia e ética na Drew University de Madison, Nova Jersey. Seu método é "não fazer nenhuma contribuição nova em teologia", mas comprovar e documentar o "ensino consensual" sobre o qual todos os maiores expoentes e movimentos da história da igreja estiveram de acordo. Essa é uma obra monumental de grande valor, com milhares de citações (especialmente dos primitivos escritores cristãos) sobre cada aspecto da teologia sistemática.

OLSON, Arnold T. *This We Believe: The Background and Exposition of the Doctrinal Statement of the Evangelical Free Church of America.* [Nisto Cremos: A Formação e a Exposição da Declaração Doutrinária da Igreja Evangélica Livre da América]. Minneapolis: Free Church Publications, 1961.

Esse guia para a doutrina cristã baseia-se na declaração de fé amplamente utilizada pela Evangelical Free Church of America. Olson (1910-2003) foi o primeiro presidente da Evangelical Free Church.

OTT, Ludwig. *Fundamentals of Catholic Dogma.* [Fundamentos do Dogma Católico]. Editado por James Canon Bastible. Traduzido por Patrick Lynch. St. Louis: Herder, 1955. Publicado primeiramente em alemão, 1952.

Esse é um livro-padrão da teologia tradicional da Católica Romana.

PACKER, J. I. *Concise Theology: A Guide to Historic Christian Beliefs.* [Teologia Abreviada: um guia para as crenças históricas cristãs]. Wheaton: Tyndale House, 1993.

Esse volume de fácil leitura faz jus a seu nome, porque Packer, um anglicano com fortes convicções reformadas, é um mestre em dizer muito em poucas palavras. Até sua aposentadoria ele foi professor de teologia no Regent College, em Vancouver, British Columbia, Canadá, e continua sendo um dos mais teólogos evangélicos mais amplamente respeitados de nosso tempo.

PIEPER, Francis. *Christian Dogmatics.* [Dogmática Cristã]. Três volumes. Traduzido por Theodore Engelder et al. St. Louis: Concordia, 1950-1957. Publicado pela primeira vez em alemão, 1917-24.

Essa é a teologia sistemática padrão do luteranismo conservador. Pieper (1852-1931) foi um teólogo do Missouri Synod, professor e presidente do Concordia Seminary de St. Louis.

POPE, William Burt. *A Compendium of Christian Theology.* [Um Compêndio de Teologia Cristã]. 2. ed. 3 vols. Nova York: Phillips and Hunt, s.d.

Esse trabalho, publicado pela primeira vez em 1875-76, é uma das maiores teologias escritas sob a perspectiva wesleyana ou arminiana.

REYMOND, Robert L. *A New Systematic Theology of the Christian Faith.* [Uma Nova Teologia Sistemática da Fé Cristã. Nashville: Thomas Nelson, 1998.

Reymond é professor no seminário teológico de Knox, em Fort Lauderdale, Flórida, e ensinou durante mais de vinte anos no Covenant Seminary de St. Louis. Essa é uma obra com informação sistemática detalhada e atualizada da teologia sistemática sob a perspectiva reformada. Reymond introduz muitos de seus capítulos com uma citação relevante da Westminster Confession of Faith e se coloca diretamente dentro dessa tradição teológica.

RYRIE, Charles. *Basic Theology*. [Teologia Básica]. Wheaton: Victor Books, 1986.

Essa é uma introdução clara à teologia sistemática a partir de uma perspectiva dispensacionalista, escrito por um ex-professor de teologia no Dallas Theological Seminary.

SHEDD, William G. T. *Dogmatic Theology*. [Teologia Dogmática]. Terceira edição. Editada por Alan W. Gomes. Phillipsburg: Presbiteryan and Reformed, 2003. Originalmente publicada por Charles Scribner's Sons, 1889.

Shedd (1820-94) postou-se claramente em favor da tradição reformada e ensinou no Union Theological Seminary de Nova York. Esse trabalho tem sido amplamente utilizado e altamente valorizado, embora já estivesse disponível apenas numa edição de três volumes de difícil manuseio. Agora foi completamente editado e reorganizado por Alan Gomes com a adição de uma seção de títulos bem clara, um extenso glossário e tradução de todas as citações de língua estrangeira. Gomes é presidente do departamento de teologia da Talbot School of Theology, da Biola University, em La Mirada, Califórnia.

STRONG, Augustus H. *Systematic Theology*. [Teologia Sistemática]. Valley Forge: Judson Press, 1907.

Strong (1836-1921) foi presidente e professor de teologia do Rochester Theological Seminary e, de 1905 a 1910, foi o primeiro presidente da Northern Baptist Convention. Esse texto foi amplamente utilizado nos círculos batistas durante a maior parte do século XX até ser amplamente substituído pela Christian Theology de Millard Erickson. (1983-85).

SWINDOLL, Charles R.; ZUCK, Roy B. (eds.). *Understanding Christian Theology.* [Entendendo a Teologia Cristã]. Nashville: Thomas Nelson, 2003.

Dez diferentes teólogos dispensacionalistas (Robert Saucy, J. Carl Laney, John Witmer, Robert Gromacki, Robert Lightner, Robert Pyne, Earl Radmacher, Henry Holloman, Edward Hayes e John Walvoord) escreveram as dez principais seções deste livro, o que o torna uma excelente e atualizada declaração teológica sob a perspectiva dispensacionalista. Todos os dez autores têm vínculos com o Dallas Seminary.

THIESSEN, Henry Clarence. *Introductory Lectures in Systematic Theology.* [Palestras Introdutórias à Teologia Sistemática]. Revisado por Vernon D. Doerksen. Grand Rapids: Eerdmans, 1977. Primeiramente publicado em 1949.

Esse é um livro evangélico de teologia sistemática escrito por um ex-presidente da faculdade da escola de graduação do Wheaton College. Thiessen é batista e dispensacionalista sob a perspectiva teológica.

WILEY, H. Orton. *Christian Theology.* [Teologia Cristã]. 3 vols. Kansas City: Nazarene Publishing House, p. 1940-43.

Essa é uma recente teologia sistemática arminiana preparada por um respeitado teólogo da Church of the Nazarene. Provavelmente seja a melhor teologia sistemática arminiana publicada no século XX, mas ela não rivaliza com a obra de Miley em termos de profundidade acadêmica.

WILLIAMS, J. Rodman. *Renewal Theology: Systematic Theology from a Charismatic Perspective.* [Teologia Renovada: Teologia

Sistemática sob a Perspectiva Carismática]. 3. vols. Grand Rapids: Zondervan, 1988-92. Publicado em um único volume em 1996.

Williams é um estudioso carismático que ensina na Regent University (anteriormente CBN University), em Virginia Beach, Virginia. Essa obra é redigida de maneira clara e interage extensamente com o texto bíblico e outras publicações. É a primeira publicada sob uma perspectiva explicitamente carismática.

Este livro foi impresso pela Vozes, em 2024, para a
Thomas Nelson Brasil. O papel do miolo é Avena 80 g/m^2,
e o da capa, cartão 250 g/m^2.